표준중국어발음부터 초·중급회화까지

JS중국어
표준중국어발음
초·중급회화

머리말

글로벌 시대에 "영어는 기본이고 중국어는 필수"라는 말이 있을 정도로 중국어의 위상이 높아졌습니다. 현재 중국은 세계 2위의 경제대국으로 부상했고 미국과 견줄 정도로 큰 발전을 하였습니다. 이대로 계속 발전하면 미국을 제치고 세계 1위의 경제대국이 될 수 있다는 전망까지 나오고 있습니다.

중국이 성장하는 만큼 중국어를 구사하는 인재를 찾는 회사가 많아졌습니다. 우리나라와 지리적으로 매우 가깝고, 세계에서 가장 많은 인구가 사용하는 중국어를 배워 두면 입시, 취업, 승진뿐만 아니라 글로벌 경쟁력도 갖출 수 있습니다.

중국어는 발음과 성조를 정확하게 구사하는 것이 가장 중요합니다. 발음이나 성조가 조금만 틀려도 의사 전달이나 이해에 큰 차이를 가져올 수 있습니다.

이 책은 여러분이 중국어에서 가장 중요한 발음과 성조를 정확하게 익히고 상황별 초·중급 일상 회화를 무난하게 구사할 수 있도록 구성되었습니다. 중국어를 어떻게 하면 좀 더 쉽고, 재미있게 전달 할 수 있을지 깊이 고민을 하면서 심혈을 기울여서 썼습니다.

바라건대 이 책이 여러분의 중국어 실력 향상에 많은 도움이 되기를 기대합니다. 끝으로 이 책이 출간될 수 있도록 도움을 주신 김이백 대표님께 깊은 감사와 존경을 표합니다. 아울러 늘 한결같은 마음으로 응원해 주고 든든한 버팀목이 되어 주는 사랑하는 가족에게, 특히 바쁘다는 이유로 함께 놀아주지 못하는 엄마를 이해해 주고 항상 큰 힘이 되어 주는 내 사랑 신민정 양에게 감사의 마음을 전합니다.

저자 김지서

목차

01 기초다지기

- 01 중국어 발음 ········· 9
- 02 왕초보 문장연습 ········· 25

02 초・중급회화

- 01 你好! 안녕! ········· 35
  Nǐ hǎo!
- 02 你叫什么名字? 넌 이름이 뭐야? ········· 43
  Nǐ jiào shénme míngzì?
- 03 你是哪国人? 너는 어느 나라 사람이니? ········· 51
  Nǐ shì nǎ guó rén?
- 04 你家有几口人? 너희 집은 식구가 몇 명이야? ········· 59
  Nǐ jiā yǒu jǐ kǒu rén?
- 05 今天几月几号? 오늘은 몇 월 며칠이야? ········· 67
  Jīntiān jǐ yuè jǐ hào?

06 祝你生日快乐! 생일 축하해! ·········· 75
Zhù nǐ shēngrì kuàilè!

07 对不起, 让你久等了。 미안해, 오래 기다리게 해서. ········ 83
Duìbuqǐ, ràng nǐ jiǔděng le.

08 快起床吧。 빨리 일어나. ·········· 91
Kuài qǐ chuáng ba.

09 你喜欢什么颜色? 너는 어떤 색을 좋아해? ·········· 99
Nǐ xǐhuan shénme yánsè?

10 你明天几点下课? 내일 몇 시에 수업 마쳐? ·········· 107
Nǐ míngtiān jǐ diǎn xiàkè?

11 你喜欢哪个季节? 너는 어떤 계절을 좋아해? ·········· 115
Nǐ xǐhuan nǎ ge jìjié?

12 你妹妹是做什么工作的? 너희 여동생은 무슨 일을 해? ···· 123
Nǐ mèimei shì zuò shénme gōngzuò de?

13 吃几天药就行。 며칠 약 먹으면 괜찮아져요. ·········· 133
Chī jǐ tiān yào jiù xíng.

14 你的爱好是什么? 너의 취미는 무엇이니? ·········· 141
Nǐ de àihào shì shénme?

목차

15 在电影院门口见吧。 영화관 입구에서 봐. ·················· 146
Zài diànyǐngyuàn ménkǒu jiàn ba.

16 图书馆怎么走? 도서관은 어떻게 가요? ·················· 154
Túshūguǎn zěnme zǒu?

17 我要去买衣服。 나는 옷을 사러 갈 거야. ·················· 162
Wǒ yào qù mǎi yīfu.

03 부록

- 정답모음 ·················· 174
- 단어정리 ·················· 177

JS 중국어
표준중국어발음 & 초·중급회화

01
기초다지기

"중국어... 시작 전에 이것만은 알아두자!"

　중국의 정식 명칭은 중화인민공화국이며, 국기는 붉은 바탕에 다섯 개의 황금색 별이 배치된 오성홍기(五星红旗)입니다. 큰 별은 중국공산당을 상징하고, 작은 네 개의 별은 노동자, 농민, 소자산계급, 민족자산계급을 의미합니다. 중국은 한족을 포함한 총 56개의 민족으로 구성된 다민족 국가로서, 한족이 전체 인구의 대다수를 차지하며 나머지는 소수민족으로 분류됩니다. 중국어는 한어(汉语)라 칭하며, 공식 표준어인 보통화(普通话)가 전국적으로 통용됩니다.

중국어 음절구성

　중국어 음절은 성모, 운모, 성조로 구성됩니다. 성모는 한국어의 자음에 해당하며, 총 21개로 이루어져 있습니다. 운모는 한국어의 모음에 해당하며, 36개가 있습니다. 성조는 음절의 높낮이를 구분하는 요소로, 네 가지가 있으며, 성조에 따라 의미가 완전히 달라집니다.

JS 중국어
표준중국어발음 & 초·중급회화

01
중국어 발음

- 중국어 문장 구조
- 중국어 발음
- 중국어 성조변화

중국어 문장 구조

◉ 주어, 술어, 목적어입니다.

我喜欢你。
Wǒ xǐhuan nǐ.

나는 너를 좋아해.

주어 : 我 wǒ — 나

술어 : 喜欢 xǐhuan — 좋아하다

목적어 : 你 nǐ — 너

주어 + 술어 + 목적어

나는 + 좋아한다 + 너를

◉ 의문문

중국어에서는 의문문을 만드는 방법이 간단합니다. 의문사(什么, 谁 등)를 사용하거나, 문장 끝에 의문조사 吗를 붙이는 방식이 대표적입니다.

你好吗?
Nǐ hǎo ma?

잘 지내?

这是什么?
Zhè shì shénme?

이것은 무엇이니?

他是谁?
Tā shì shéi?

그는 누구야?

◉ 부정문

중국어의 부정문 구성도 매우 간단합니다. 부정사 **不**와 **没**를 사용하여 부정을 표현합니다.

他不去学校。
Tā bú qù xuéxiào.

그는 학교에 가지 않는다.

她没吃饭。
Tā méi chī fàn.

그녀는 밥을 먹지 않았다.

중국어 발음

    중국어 성조는 1성, 2성, 3성, 4성, 경성으로 구성되어 있고 성조에 따라 뜻이 완전히 달라집니다. 예를 들면 1성으로 발음하면 "mā"가 되어 엄마(妈)를 의미하고, 2성인 "má"는 옷을 만드는데 쓰이는 식물(麻)을 뜻합니다. 3성인 "mǎ"는 말(马)을 의미하며, 4성인 "mà"는 욕하다(骂) 라는 뜻이 됩니다. 이처럼 성조가 바뀌면 단어의 의미도 크게 달라지기 때문에 중국어를 처음 배울 때부터 성조를 정확하게 익히는 것이 매우 중요합니다.

 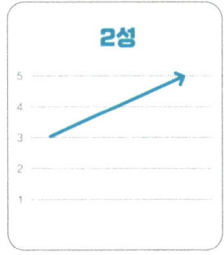  

- 1성은 가장 높은 음으로 길게 발음 합니다.
- 2성은 낮은 음에서 시작해 높은 음까지 끌어올려 발음합니다.
- 3성은 가장 낮은 음에서 시작해 더 낮게 내려갔다가, 다시 끌어올려 발음합니다.
- 4성은 1성 높이에서 가장 낮은 음으로 끌어내려 짧게 발음합니다.

⊙ 운모

운모는 우리말의 'ㅏ, ㅑ, ㅓ'처럼 모음에 해당하는 소리입니다. 중국어에는 이러한 운모가 총 36개 있습니다.

a	입을 크게 벌리고 "아" 소리를 내며 발음해 주세요.
o	입을 둥글게 오므려 "오" 소리를 내며 발음해 주세요.
e	입을 약간 벌리고 목 깊은 곳에서 "으"와 "어"의 중간 소리로 발음해 주세요.
i	입을 옆으로 살짝 당기며 "이" 소리를 내며 발음해 주세요.
u	입을 동그랗게 오므리고 "우" 소리를 내며 발음해 주세요.
ü	"위"와 비슷하지만, 입을 더 오므려 발음해 주세요.

⊙ 복운모

ai	입을 벌려 "아" 소리를 낸 뒤, 입을 옆으로 당기며 자연스럽게 "이"로 이어 발음해 주세요.
ao	입을 벌려 "아" 소리를 낸 뒤, 입을 둥글게 모아 "오"로 이어 발음해 주세요.
an	입을 벌려 "아" 소리를 낸 뒤, 이어서 "안"이라고 발음해 주세요.
ang	입을 벌려 "아" 소리를 낸 뒤, 이어서 "앙"이라고 발음해 주세요.
ei	입을 옆으로 살짝 당기며 "에" 소리를 낸 뒤, 이어서 "이"로 발음해 주세요.
en	입을 옆으로 살짝 당기며 "으" 소리를 낸 뒤, 이어서 "언"이라고 발음해 주세요.
eng	입을 옆으로 살짝 당기며 "으" 소리를 낸 뒤, 이어서 "엉"이라고 발음해 주세요.

ou	입을 둥글게 오므려 "오" 소리를 낸 뒤 이어서 "우"를 덧붙이듯 발음해 주세요.
ong	입을 둥글게 오므려 "오" 소리를 낸 뒤, 이어서 "옹"을 덧붙이듯 발음해 주세요.
er	입을 둥글게 오므린 뒤, 혀끝을 입천장 쪽으로 말아 올려 "오올"이라고 발음해 주세요.

⊙ 성모

성모는 우리말의 자음에 해당하고, 모두 21개로 이루어져 있으며, 운모와 결합하여 하나의 음절을 만듭니다. 성모는 중국어 발음에서 중심적인 역할을 합니다.

b, p, m	두 입술을 맞댔다가 떼는 동작으로 만들어지는 소리입니다.
f	아랫입술과 윗니가 만나서 나는 소리입니다.
d, t, n, l	혀끝이 윗잇몸 근처에 가볍게 닿으면서 만들어지는 소리입니다.
g, k, h	목구멍에서 나는 소리로, 혀와 입술보다 뒤쪽에서 공기가 지나가며 만들어집니다.
j, q, x	입을 옆으로 살짝 당기며 혀의 넓은 면을 입천장 가까이에 두고 내는 소리입니다.
zh, ch, sh, r	혀끝을 뒤로 말아 입천장 쪽으로 구부린 상태에서 내는 소리입니다.
z, c, s	혀끝을 윗잇몸 바로 앞부분에 두고 내는 소리입니다.

발음연습

b(o)	bā bá bǎ bà	**bà ba** 爸爸	아빠
p(o)	pā pá pǎ pà	**pá shān** 爬山	등산하다
m(o)	mā má mǎ mà	**mā ma** 妈妈	엄마
f(o)	fān fán fǎn fàn	**fàn** 饭	밥
d(e)	diān dián diǎn diàn	**diàn nǎo** 电脑	컴퓨터
t(e)	qī qí qǐ qì	**tiān qì** 天气	날씨
n(e)	nīn nín nǐn nìn	**nín** 您	당신

l(e)	jū jú jǔ jù	**lín jū** 邻居	이웃
g(e)	gāo gáo gǎo gào	**gāo** 高	높다
k(e)	kē ké kě kè	**kě yǐ** 可以	~할 수 있다
h(e)	hē hé hě hè	**hē shuǐ** 喝水	물을 마시다
j(i)	jiā jiá jiǎ jià	**jiā** 家	집
q(i)	qiān qián qiǎn qiàn	**qián bāo** 钱包	지갑
x(i)	xī xí xǐ xì	**xǐ huan** 喜欢	좋아하다

zh(i)	guō guó guǒ guò	Zhōng guó 中国	중국
ch(i)	chū chú chǔ chù	chū chāi 出差	출장
sh(i)	shuī shuí shuǐ shuì	shuì jiào 睡觉	자다
r(i)	rēn rén rěn rèn	rěn nài 忍耐	인내
z(i)	zāo záo zǎo zào	zǎo shang 早上	아침
c(i)	cī cí cǐ cì	cí diǎn 词典	사전
s(i)	sī sí sǐ sì	sī xiǎng 思想	사상

z, c, s, r, zh, ch, sh가 i와 결합하는 경우에는 "이" 가 아니라 "으"로 발음합니다.

ai	tāi tái tǎi tài	tài 太	매우
ao	gāo gáo gǎo gào	gāo xìng 高兴	기쁘다
an	yān yán yǎn yàn	yǎn jing 眼睛	눈
ang	yāng yáng yǎng yàng	yáng ròu 羊肉	양고기
ou	dōu dóu dǒu dòu	dōu 都	모두
ong	hōng hóng hǒng hòng	hóng sè 红色	빨간색
ei	hēi héi hěi hèi	hēi sè 黑色	검정색

en	hēn hén hěn hèn	**hěn** 很	매우
er	ēr ér ěr èr	**ér zi** 儿子	아들
eng	dēng déng děng dèng	**dēng jì** 登记	등록하다
ia	xiā xiá xiǎ xià	**xià tiān** 夏天	여름
iao	tiāo tiáo tiǎo tiào	**tiào wǔ** 跳舞	춤을 추다
ian	diān dián diǎn diàn	**diàn shì** 电视	TV
iang	jiāng jiáng jiǎng jiàng	**jiāng lái** 将来	장래

iong	xiōng xióng xiǒng xiòng	xióng māo 熊猫	팬더
ie	xiē xié xiě xiè	xiè xie 谢谢	감사합니다
iu	jiū jiú jiǔ jiù	jiǔ 九	9
in	jīn jín jǐn jìn	jīn tiān 今天	오늘
ing	jīng jíng jǐng jìng	jīng cǎi 精彩	훌륭하다
ua	huā huá huǎ huà	huà zhuāng pǐn 化妆品	화장품
uan	nuān nuán nuǎn nuàn	nuǎn huo 暖和	따뜻하다

uang	kuāng kuáng kuǎng kuàng	kuàng quán shuǐ 矿泉水	광천수
uai	kuāi kuái kuǎi kuài	kuài chē 快车	급행열차
uo	huō huó huǒ huò	huò zhě 或者	또는
ui(uei)	huī huí huǐ huì	huī sè 灰色	회색
un(uen)	lūn lún lǔn lùn	lùn wén 论文	논문
ün	qūn qún qǔn qùn	qún zi 裙子	치마

중국어 성조변화

⊙ 제3성 발음 규칙

성조 3성이 연이어 2개가 오면 앞의 3성을 2성으로 발음합니다. 단 표기는 3성으로 합니다.

- 3성 + 3성

    nǐhǎo → níhǎo 안녕

    shuǐguǒ → shuíguǒ 과일

    kěyǐ → kéyǐ 가능하다

3성 뒤에 1,2,4성이 오면 앞의 3성은 반3성으로 발음합니다.

- 3성 + 1성

    lǎoshī → lǎoshī 선생님

    xiǎoshuō → xiǎoshuō 소설

    jiǎngjīn → jiǎngjīn 상금

- 3성 + 2성

    jiějué → jiějué 해결하다

    hǎorén → hǎorén 좋은사람

    yǒumíng → yǒumíng 유명하다

- 3성 + 4성

    hǎokàn → hǎokàn 예쁘다

    měilì → měilì 매력적이다

    kě'ài → kě'ài 사랑스럽다

⊙ 숫자 1의 성조 변화

"一"는 본래 1성이지만 뒤에 1성, 2성, 3성이 오면 4성으로, 4성이나 경성이 오면 2성으로 성조가 변합니다.

- 一天 하루
  yì tiān
- 一本 한 권
  yì běn
- 一个 한 개
  yí ge
- 一人 한 사람
  yì rén
- 一次 한 번
  yí cì

⊙ 경성의 음높이 변화

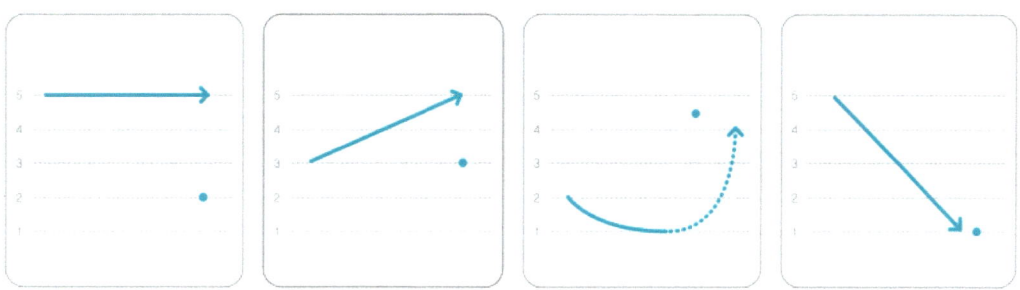

⊙ 중국어 성조 표기법

- a ＞ o ＞ e ＞ i ＞ u ＞ ü 순서대로 성조를 표기합니다.
- i와 u가 함께 나오면 (ui), (iu) 뒤에 오는 운모 위에 성조를 표기합니다. i위에 성조를 표기할 때에는 i의 점은 생략합니다.

  dàjiā jīntiān yǒumíng guójì tuījiàn jiǔ huì

JS 중국어
표준중국어발음 & 초·중급회화

02
왕초보 문장연습

01

Nǐ hǎo ma?

你好吗?
잘 지내요?

Wǒ hěn hǎo.

我很好。
나는 잘 지내요.

Nǐ ne?

你呢?
당신은요?

Wǒ yě hěn hǎo.

我也很好。
저도 잘 지내요.

02

Duìbuqǐ, wǒ lái wǎn le.

对不起, 我来晚了。
죄송해요. 제가 좀 늦었어요.

Méiguānxi.

没关系。
괜찮아요.

03

Nín hǎo.

Nǐ jiào shénme míngzi?

您好。
안녕하세요.

你叫什么名字?
이름이 뭐에요?

04

Nǐ jǐ suì le?

Wǒ bā suì.

Nǐ jīnnián duō dà le?

Wǒ jīnnián èrshíjiǔ suì.

你几岁了?
몇 살이에요?

我八岁。
여덟살이요.

你今年多大了?
올해 몇 살이에요?

我今年二十九岁。
올해 29살이에요.

05

Nǐ shì nǎ guó rén?

Wǒ shì Hánguó rén.

Rènshi nǐ hěn gāoxìng.

你是哪国人?
당신은 어느나라 사람이에요?

我是韩国人。
저는 한국인이에요.

认识你很高兴。
만나서 반가워요.

06

Nǐ jiā yǒu jǐ kǒu rén?

Wǒ jiā yǒu wǔ kǒu rén.

Bàba, māma, liǎng ge mèimei hé wǒ.

你家有几口人?
너희 가족은 몇 명이야?

我家有五口人。
우리 가족은 다섯 명이에요.

爸爸, 妈妈, 两个妹妹和我。
아빠, 엄마, 여동생 두 명, 그리고 저예요.

07

Jīntiān jǐ yuè jǐ hào?

Jīntiān shíyī yuè èrshíjiǔ hào.

Míngtiān xīngqī jǐ?

Míngtiān xīngqī wǔ.

今天几月几号?
오늘은 몇 월 며칠이에요?

今天十一月二十九号。
오늘은 11월 29일이에요.

明天星期几?
내일은 무슨 요일이에요?

明天星期五。
내일은 금요일이에요.

08

Bùhǎoyìsi.

Míngtiān méiyǒu shíjiān.

Nǐ yǒu shénme shì ma?

不好意思。
미안해요.

明天没有时间。
내일 시간이 안되요.

你有什么事吗?
무슨 일 있어요?

09

Jīntiān tiānqì zěnmeyàng?

Jīntiān xià xuě.

Míngtiān tiānqì zěnmeyàng?

Míngtiān qíngtiān.

今天天气怎么样?
오늘 날씨 어때요?

今天下雪。
오늘 눈이 와요.

明天天气怎么样?
내일 날씨 어때요?

明天晴天。
내일은 맑아요.

10

Tā shì shéi?

Tā shì wǒ mèimei.

Tā shì xiǎoxué lǎoshī.

她是谁?
그녀는 누구인가요?

她是我妹妹。
그녀는 제 여동생이에요.

她是小学老师。
그녀는 초등학교 선생님이에요.

11

Nǐ de àihào shì shénme?

Wǒ de àihào shì xué yǔyán.

Zuìjìn kāishǐ xué Hànyǔ le.

Wà, nǐ zhēn bàng.

你的爱好是什么?
당신의 취미는 무엇인가요?

我的爱好是学语言。
저의 취미는 언어를 배우는 것입니다.

最近开始学汉语了。
최근에 중국어 공부를 시작했어요.

哇, 你真棒。
와, 정말 대단해요!

12

Zhè jiā de yīfu búcuò.

Nǐ kàn, zhè jiàn zěnmeyàng?

Hǎopiàoliang.

Nǐ shìyishì ba.

这家的衣服不错。
이 집 옷이 괜찮아요.

你看, 这件怎么样?
이 옷 어때요?

好漂亮。
아주 예뻐요.

你试一试吧。
한번 입어봐요.

JS 중국어
표준중국어발음 & 초·중급회화

JS 중국어
표준중국어발음 & 초·중급회화

02
초·중급회화

JS 중국어
표준중국어발음 & 초·중급회화

01

안녕!

你好!
Nǐhǎo!

윤서 : 您好。
　　　Nín hǎo.

이준 : 你好, 好久不见!
　　　Nǐhǎo, hǎojiǔbújiàn!

윤서 : 好久不见! 您好吗?
　　　Hǎojiǔbújiàn! Nín hǎo ma?

이준 : 我很好。你呢?
　　　Wǒ hěn hǎo. Nǐ ne?

윤서 : 我也很好。
　　　Wǒ yě hěn hǎo.

이준 : 再见!
　　　Zàijiàn!

윤서 : 再见!
　　　Zàijiàn!

윤서 : 안녕하세요.

이준 : 안녕, 오랜만이야.

윤서 : 오랜만이에요. 잘 지내세요?

이준 : 잘 지내고 있어. 너는?

윤서 : 저도 잘 지내요.

이준 : 잘가.

윤서 : 안녕히 가세요.(또 뵈어요.)

你	nǐ	너, 당신
您	Nín	당신, 귀하(你의 존칭)
好	hǎo	좋다, 훌륭하다
好久	hǎojiǔ	오랫동안
不	bù	아니다(부정)
见	jiàn	만나다
吗	ma	~요?
呢	ne	는?
很	hěn	매우
再见	zàijiàn	잘가, 또 봐

핵심정리

⊙ ~ 好

"好"는 '좋다', '훌륭하다', '안녕하다'의 뜻이고 호칭 뒤에 쓰일 경우에는 'OOO 안녕하세요'라는 뜻이 됩니다.

妈妈好。 엄마 안녕.
Māma hǎo.

老师好。 선생님 안녕하세요.
Lǎoshī hǎo.

大家好。 여러분 안녕하세요.
Dàjiā hǎo.

⊙ ~ 也

"也"는 '~도', '~또한' 등의 뜻으로 쓰입니다.

我也很好。 저도 좋아요.
Wǒ yě hěn hǎo.

你也去吗? 당신도 가요?
Nǐ yě qù ma?

今天也来吗? 오늘도 와요?
Jīntiān yě lái ma?

⊙ 인칭대명사

구분	1인칭	2인칭	3인칭		
단수	wǒ 我 나	nǐ 你 너	tā 他 그	tā 她 그녀	tā 它 그것(동물, 사물)
복수	wǒmen 我们 우리	nǐmen 你们 너희	tāmen 他们 그들	tāmen 她们 그녀들	tāmen 它们 그것들

연/습/문/제

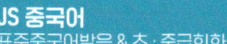

01 알맞게 연결해 보세요.

你	hǎo	오랫동안
您	jiàn	너, 당신
好	nǐ	귀하(你의 존칭)
好久	zàijiàn	~요?
不	hěn	만나다
见	Nín	는?
吗	ne	잘가, 또 봐
呢	bù	아니다(부정)
很	ma	좋다, 훌륭하다
再见	hǎojiǔ	매우

02 빈칸을 채워보세요.

- 윤서 : Nín ____.

- 이준 : Nǐhǎo. _____ bújiàn !

- 윤서 : Hǎojiǔ _____ ! Nín hǎo ____?

- 이준 : Wǒ ____ hǎo. Nǐ ne?

- 윤서 : Wǒ ____ hěn hǎo.

- 이준 : _____.

- 윤서 : _____.

03 문장을 완성해 보세요.

① jiàn hǎo jiǔ bú

② yě hǎo wǒ hěn

① 오랜만이에요.

② 나도 잘 지내.

04 중국어로 써보세요.

- 안녕.

- 또 봐요.

MEMO

JS 중국어
표준중국어발음 & 초·중급회화

02

넌 이름이 뭐야?

你叫什么名字?
Nǐ jiào shénme míngzì?

윤서 : 您好, 见到您很高兴。
Nínhǎo, jiàndào nín hěn gāoxìng.

이준 : 你好, 见到你我也很高兴。你叫什么名字?
Nǐhǎo, jiàndào nǐ wǒ yě hěn gāoxìng. Nǐ jiào shénme míngzi?

윤서 : 我叫尹叙。您怎么称呼?
Wǒ jiào Yǐnxù. Nín zěnme chēnghu?

이준 : 我叫李俊。
Wǒ jiào Lǐjùn.

윤서 : 哇! 很好听的名字。
Wà! hěn hǎotīng de míngzi.

윤서 : 안녕하세요. 만나서 반가워요.

이준 : 안녕. 만나서 나도 반가워. 넌 이름이 뭐야?

윤서 : 윤서라고 해요. 존함이 어떻게 되세요?

이준 : 이준이라고 해.

윤서 : 와! 멋진 이름이네요.

见到	jiàndào	만나다
高兴	gāoxìng	기쁘다
也	yě	또한, ~도
叫	jiào	부르다
什么	shénme	무엇
名字	míngzi	이름
怎么	zěnme	어떻게
称呼	chēnghu	부르다, 호칭
好听	hǎotīng	듣기좋다
哇	wà	와!(감탄사)

 **핵심정리**

⊙ 叫

"叫"는 동사로 주로 이름이 '~이다', 또는 '~라고 하다'라는 의미로 쓰입니다.

我叫李俊。 제 이름은 이준입니다.
Wǒ jiào Lǐjùn.

我叫尹叙。 저는 윤서라고 해요.
Wǒ jiào Yǐnxù.

⊙ 见到

"见到"는 처음 만나는 사람과의 대화에서 자주 쓰입니다. '见到 + 사람' 구조로 사용되며 '당신을 만나게 되어서'라는 뜻입니다.

见到您很高兴。 만나서 반가워요.
Jiàndào nín hěn gāoxìng.

◑ 비슷한 표현

认识您很高兴。 당신을 알게 되어 기쁩니다.
Rènshi nín hěn gāoxìng.

很高兴见到您。 당신을 뵙게 되어 매우 기쁩니다.(순서만 바뀐 구조)
Hěn gāoxìng jiàndào nín.

연/습/문/제

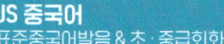

01 알맞게 연결해 보세요.

见到	jiào	와!(감탄사)
高兴	hǎotīng	부르다, 호칭
也	wà	어떻게
叫	chēnghu	듣기좋다
什么	zěnme	기쁘다
名字	gāoxìng	만나다
怎么	míngzi	또한, ~도
称呼	yě	무엇
好听	jiàndào	부르다
哇	shénme	이름

02 빈칸을 채워보세요.

- 윤서 : ____ hǎo, _____ nín hěn _____.

- 이준 : Nǐhǎo, _____ nǐ wǒ _____ gāoxìng.

  Nǐ _____?

- 윤서 : Wǒ ____ Yǐnxù. Nín _____?

- 이준 : _____Lǐjùn.

- 윤서 : ____, hěn _____ de míngzi.

03 문장을 완성해 보세요.

> ① nín jiàndào gāoxìng hěn
> ② nǐ shénme jiào míngzì ?

① 만나서 반가워요.

② 이름이 뭐에요?

04 중국어로 써보세요.

• 안녕하세요.

• 만나서 반가워요.

MEMO

JS 중국어
표준중국어발음 & 초·중급회화

03

너는 어느 나라 사람이니?

你是哪国人?
Nǐ shì nǎ guó rén?

라헬 : 你是哪国人?
　　　Nǐ shì nǎ guó rén?

이준 : 我是韩国人。您也是韩国人吧?
　　　Wǒ shì Hánguórén. Nín yě shì Hánguórén ba?

라헬 : 不, 我不是韩国人, 我是美国人。
　　　Bù, wǒ búshì Hánguórén, wǒ shì Měiguórén.

라헬 : 너는 어느 나라 사람이니?

이준 : 나는 한국인이야. 너도 한국인이지?

라헬 : 아니, 난 한국인이 아니고 미국인이야.

是	shì	~이다
哪	nǎ	어느
韩国	Hánguó	한국
吧	ba	어기조사(제안이나 추측 가벼운 명령)
美国	Měiguó	미국
人	rén	사람
国	guó	나라

 핵심정리

⊙ 是

"是"는 중국어에서 동사로 사용되며 '~이다'의 의미를 가집니다.
문장에서 주어와 서술어를 연결하는 역할을 합니다.

我是学生。 나는 학생입니다.
Wǒ shì xuésheng.

他是老师。 그는 선생님입니다.
Tā shì lǎoshī.

| 我 是 wǒ shì 나는 ~이다 | 韩国 한국 Hánguó
美国 미국 Měiguó
中国 중국 Zhōngguó
日本 일본 Rìběn
加拿大 캐나다 Jiānádà
俄罗斯 러시아 Éluósī
越南 베트남 Yuènán | 人 rén 사람 |

⊙ 吧

"吧"는 주로 문장 끝에 쓰이며 제안이나 권유, 추측 등을 표현 할 때 사용합니다.

我们走吧。 우리 가요.
Wǒmen zǒu ba.

他是老师吧? 그는 선생님이시죠?
Tā shì lǎoshī ba?

연/습/문/제

01 알맞게 연결해 보세요.

是	rén	나라
哪	ba	사람
韩国	Měiguó	한국
吧	shì	~이다
美国	Hánguó	어느
人	guó	미국
国	nǎ	어기조사(제안이나 추측)

02 빈칸을 채워보세요.

- 라헬 : Nǐ _____ rén?

- 이준 : Wǒ ____Hánguórén. Nín ____ shì Hánguórén ____?

- 라헬 : ____, wǒ _____Hánguórén, wǒ _____ rén.

03 문장을 완성해 보세요.

> ① shì rén nǐ nǎ guó ?
>
> ② wǒ Hánguórén shì

① 너는 어느 나라 사람이니?

② 저는 한국인이에요.

04 중국어로 써보세요.

• 당신도 한국인이세요?

MEMO

JS 중국어
표준중국어발음 & 초·중급회화

04

너의 집은 식구가 몇 명이니?

你家有几口人?
Nǐ jiā yǒu jǐ kǒu rén?

솔미 : 你家有几口人?
　　　Nǐ jiā yǒu jǐ kǒu rén?

윤서 : 我家有四口人, 爸爸, 妈妈, 姐姐和我。
　　　Wǒ jiā yǒu sì kǒu rén, bàba, māma, jiějie hé wǒ.

솔미 : 你姐姐今年多大了?
　　　Nǐ jiějie jīnnián duō dà le?

윤서 : 她今年四十岁了。
　　　Tā jīnnián sìshí suì le.

솔미 : 你姐姐结婚了吗?
　　　Nǐ jiějie jiéhūn le ma?

윤서 : 她结婚了, 都有孩子呢。
　　　Tā jiéhūn le, dōu yǒu háizi ne.

 해석

솔미 : 너의 집은 식구가 몇 명이니?

윤서 : 우리 집은 식구가 4명이야, 아빠, 엄마, 언니 그리고 나.

솔미 : 너의 언니는 올해 나이가 어떻게 돼?

윤서 : 올해 마흔이야.

솔미 : 언니는 결혼 하셨어?

윤서 : 결혼해서 아이도 있어.

 어휘

家	jiā	집, 가정
有	yǒu	있다, 가지고 있다
几	jǐ	몇
口	kǒu	입(가족 수를 세는 양사)
爸爸	bàba	아빠
妈妈	māma	엄마
姐姐	jiějie	누나, 언니
和	hé	~와
我	wǒ	나
今年	jīnnián	올해
多大	duōdà	얼마나(나이, 정도, 양 등)
岁	suì	세, 살
结婚	jiéhūn	결혼
孩子	háizi	자녀

 **핵심정리**

◉ 중국에서는 나이를 물을 때 상대에 따라 세 가지 다른 표현을 씁니다.

◐ 열살 이하의 연령

A : 你几岁? 너 몇 살이야?
　　Nǐ jǐ suì?

B : 我今年三岁了。 나는 올해 3살이야.
　　Wǒ jīnnián sān suì le.

◐ 나이가 비슷할 때

A : 你多大了? 나이가 어떻게 되요?
　　Nǐ duō dà le?

B : 我二十八岁了。 저는 28살입니다.
　　Wǒ èrshíbā suì le.

◐ 나이가 많은 어른이나 윗사람일 때

A : 您多大年纪了? 당신은 연세가 어떻게 되세요?
　　Nín duōdà niánjì le?

B : 我今年五十八岁了。 저는 올해 58세입니다.
　　Wǒ jīnnián wǔshíbā suì le.

◉ ~呢?

"呢"는 의문문의 끝에 쓰여 의문의 어기를 표현하거나 서술문의 끝에 쓰여 동작이나 상태의 지속을 나타냅니다.

你呢? 당신은요?
Nǐ ne?

我在看电视呢。 나는 지금 TV를 보고 있어요.
Wǒ zài kàn diànshì ne.

现在在下雨呢。 지금 비가 오고 있어요.
Xiànzài zài xià yǔ ne.

연/습/문/제

01 알맞게 연결해 보세요.

家	hé	자녀, 자식
有	wǒ	결혼
几	suì	세, 살
口	jǐ	얼마나(나이, 정도, 양 등)
爸爸	jīnnián	올해
妈妈	duōdà	나
姐姐	jiéhūn	~와
和	yǒu	엄마
我	jiā	아빠
今年	háizi	입(가족 수를 세는 양사)
多大	bàba	몇
岁	kǒu	있다, 가지고 있다
结婚	māma	누나, 언니
孩子	jiějie	집, 가정

02 빈칸을 채워보세요.

- 솔미 : Nǐ ____ yǒu ____ kǒu rén?

- 윤서 : Wǒ jiā ____ sì kǒu rén, bàba, māma, jiějie ____wǒ.

- 솔미 : Nǐ jiějie jīnnián _____ le?

- 윤서 : Tā _____ sìshí suì le.

- 솔미 : Nǐ jiějie _____ le ma?

- 윤서 : Tā jiéhūn le, ____ yǒu háizi ____.

03 문장을 완성해 보세요.

> ① nǐ yǒu jǐ kǒu rén jiā ?
>
> ② ma jiějie nǐ jiéhūn le ?

① 당신의 집에는 식구가 몇 명 있나요?

② 너희 언니는 결혼하셨어?

04 중국어로 써보세요.

• 당신의 집에는 식구가 몇 명 있나요?

MEMO

JS 중국어
표준중국어발음 & 초·중급회화

05

오늘은 몇 월 며칠이야?

今天几月几号?
Jīntiān jǐ yuè jǐ hào?

윤서 : 今天几月几号?
　　　Jīntiān jǐ yuè jǐ hào?

솔미 : 今天三月十号。
　　　Jīntiān sān yuè shí hào.

윤서 : 今天星期几?
　　　Jīntiān xīngqī jǐ?

솔미 : 今天星期五。
　　　Jīntiān xīngqīwǔ.

윤서 : 明天你有时间吗?
　　　Míngtiān nǐ yǒu shíjiān ma?

솔미 : 有, 你有什么事儿吗?
　　　Yǒu, nǐ yǒu shénme shìr ma?

윤서 : 我想和你一起玩儿。
　　　Wǒ xiǎng hé nǐ yìqǐ wánr.

솔미 : 好的。那明天见。
　　　Hǎo de. Nà míngtiān jiàn.

윤서 : 明天见。
　　　Míngtiān jiàn.

윤서 : 오늘은 몇 월 며칠이야?

솔미 : 오늘은 3월 10일이야.

윤서 : 오늘은 무슨 요일이야?

솔미 : 오늘은 금요일이야.

윤서 : 너 내일 시간 있어?

솔미 : 응, 무슨 일 있어?

윤서 : 너랑 같이 놀고 싶어.

솔미 : 좋아. 그럼 내일 봐.

윤서 : 내일 봐.

今天	jīntiān	오늘
月	yuè	월
号	hào	일
几	jǐ	몇
明天	míngtiān	내일
有	yǒu	있다
想	xiǎng	~하고 싶다
玩儿	wánr	놀다
一起	yìqǐ	함께
和	hé	~와
时间	shíjiān	시간
吗	ma	~입니까?

 **핵심정리**

⦿ 숫자

一 yī	二 èr	三 sān	四 sì	五 wǔ	六 liù	七 qī	八 bā	九 jiǔ	十 shí
하나	둘	셋	넷	다섯	여섯	일곱	여덟	아홉	열

⦿ 요일

星期一 xīngqīyī	星期二 xīngqī'èr	星期三 xīngqīsān	星期四 xīngqīsì	星期五 xīngqīwǔ	星期六 xīngqīliù	星期天 xīngqītiān
월요일	화요일	수요일	목요일	금요일	토요일	일요일

"星期天"과 "星期日"은 모두 '일요일'을 의미하지만, 사용되는 맥락에서 약간의 차이가 있습니다.

"星期天"은 구어체로, 일상적인 대화에서 자주 사용됩니다.

星期天我们去看电影吧。 일요일에 우리 영화 보러 가요.
Xīngqītiān wǒmen qù kàn diànyǐng ba.

"星期日"은 일상 회화보다는 문서, 방송, 공공 일정 등 공식적인 문맥에서 더 자주 사용됩니다.

星期日商店都不开门。 일요일에는 가게가 다 문을 닫아요.
Xīngqīrì shāngdiàn dōu bù kāimén.

연/습/문/제

01 알맞게 연결해 보세요.

今天	míngtiān	~하고 싶다
月	jǐ	놀다
号	yǒu	월
几	yuè	함께
明天	jīntiān	~와
有	hào	오늘
想	hé	일
玩儿	yìqǐ	몇
一起	wánr	있다
和	xiǎng	내일

02 빈칸을 채워보세요.

- 윤서 : Jīntiān ____ yuè ____ hào?

- 솔미 : Jīntiān sān ____ shí ____.

- 윤서 : Jīntiān xīngqī ____?

- 솔미 : _____ xīngqīwǔ.

- 윤서 : Míngtiān nǐ ____ shíjiān ma?

- 솔미 : Yǒu, nǐ yǒu shénme ____ ma?

- 윤서 : Wǒ ____ hé nǐ _____ wánr.

- 솔미 : Hǎo de. ____ míngtiān jiàn.

03 문장을 완성해 보세요.

> ① jǐ yuè jīntiān jǐ hào ?
>
> ② shénme nǐ shìr yǒu ma ?

① 오늘은 몇 월 며칠이야?

② 무슨 일 있어?

04 중국어로 써보세요.

- 오늘은 금요일이야.

MEMO

JS 중국어
표준중국어발음 & 초·중급회화

06

생일 축하해!

祝你生日快乐!
Zhù nǐ shēngrì kuàilè!

윤서 : 今天是我的生日。
　　　Jīntiān shì wǒ de shēngrì.

솔미 : 真的吗? 祝你生日快乐!
　　　Zhēn de ma? Zhù nǐ shēngrì kuàilè!

윤서 : 谢谢。你今天晚上有没有时间?
　　　Xièxie. Nǐ jīntiān wǎnshang yǒuméiyǒu shíjiān?

솔미 : 当然有啊。
　　　Dāngrán yǒu a.

윤서 : 那我们在老地方见吧。
　　　Nà wǒmen zài lǎodìfang jiàn ba.

솔미 : 好啊。
　　　Hǎo a.

윤서 : 오늘은 내 생일이야.

솔미 : 정말이야? 생일 축하해!

윤서 : 고마워. 오늘 저녁에 시간 있어?

솔미 : 당연히 시간 있지.

윤서 : 그럼 우리 늘 만나던 곳에서 만나자.

솔미 : 좋아.

祝	zhù	축원하다, 빌다, 바라다
生日	shēngrì	생일
快乐	kuàilè	즐겁다, 기쁘다
今天	jīntiān	오늘
真	zhēn	진짜, 정말
晚上	wǎnshang	저녁
有没有	yǒuméiyǒu	있어? 없어?
时间	shíjiān	시간
谢谢	xièxie	고마워
当然	dāngrán	당연히, 물론
啊	a	어감이나 감정을 부드럽게 강조하는 조사
老地方	lǎodìfang	단골 장소, 자주 만나던 곳
吧	ba	~하자(제안 또는 권유)

 **핵심정리**

◉ 老地方

친한 친구나 연인, 동료 사이에서 말하지 않아도 서로 알고 있는 장소를 말합니다. '늘 만나던 곳', '익숙한 장소'라는 뜻이에요.

我们在老地方见。 우리 늘 만나던 곳에서 보자.
Wǒmen zài lǎodìfang jiàn.

你还记得老地方吗? 너 그 장소 아직 기억나?
Nǐ hái jìde lǎodìfang ma?

◉ 祝

기원이나 바람을 표현할 때 사용하는 동사입니다. '축하하다', '기원하다', '빌다'라는 뜻으로, 상대에게 좋은 일이나 행운을 빌어줄 때 사용합니다.

祝你好运! 행운을 빌어!
Zhù nǐ hǎo yùn!

祝你身体健康! 건강하길 바랄게요!
Zhù nǐ shēntǐ jiànkāng!

연/습/문/제

01 알맞게 연결해 보세요.

祝	kuàilè	생일
生日	shēngrì	저녁
快乐	shíjiān	당연히, 물론
真	a	기원하다, 축하하다
晚上	lǎodìfang	시간
时间	wǎnshang	진짜, 정말
谢谢	dāngrán	어기조사
当然	Xièxie	축하하다
啊	zhēn	자주 만나던 곳
老地方	zhù	고마워

02 빈칸을 채워보세요.

- 윤서 : Jīntiān _____ wǒ de _____.

- 솔미 : _____ ma? ____ nǐ shēngrì_____!

- 윤서 : Xièxie. Nǐ jīntiān _____ yǒuméiyǒu _____?

- 솔미 : _____ yǒu a.

- 윤서 : ____ wǒmen zài _____ ba.

- 솔미 : Hǎo ____.

03 문장을 완성해 보세요.

> ① nǐ shēngrì zhù kuàilè！
> ② wǒ jīntiān shì shēngrì de

① 생일 축하해!

② 오늘은 내 생일이야.

04 다음을 중국어로 써보세요.

- 정말?

MEMO

JS 중국어
표준중국어발음 & 초·중급회화

07

미안해, 오래 기다리게 해서.

对不起, 让你久等了。
Duìbuqǐ, ràng nǐ jiǔděng le.

영재 : 对不起, 让你久等了。
　　　Duìbuqǐ, ràng nǐ jiǔděng le.

이준 : 没关系, 我也刚到。
　　　Méiguānxi, wǒ yě gāng dào.

영재 : 我最近工作很忙, 差不多每天都要加班, 所以醒的晚了。
　　　Wǒ zuìjìn gōngzuò hěn máng, chàbuduō měitiān dōu yào jiābān, suǒyǐ xǐng de wǎn le.

이준 : 好辛苦啊, 快点菜吧。
　　　Hǎo xīnkǔ a, kuài diǎncài ba.

영재 : 你想吃什么? 今天我请客。
　　　Nǐ xiǎng chī shénme? Jīntiān wǒ qǐngkè.

이준 : 真的吗? 那我就不客气了。
　　　Zhēnde ma? Nà wǒ jiù búkèqi le.

영재 : 미안해, 오래 기다리게 해서.

이준 : 괜찮아, 나도 좀 전에 도착했어.

영재 : 요즘 일이 많아서 거의 매일 야근을 했더니 늦잠 잤어.

이준 : 너무 힘들겠다, 빨리 주문하자.

영재 : 너 뭐 먹고 싶어? 오늘은 내가 살게.

이준 : 정말? 그럼 잘 먹을게.

对不起	duìbuqǐ	미안하다
让	ràng	~하게 하다
久等	jiǔděng	오래 기다리다
刚	gāng	막, 지금
到	dào	도착하다
辛苦	xīnkǔ	수고하다
那	nà	그렇다면
不客气	búkèqi	사양하지 않다

 **핵심정리**

⊙ 请客

"请客"는 음식이나 술을 '사다', '대접하다'는 의미로, 중국인들이 체면을 중시하는 문화 속에서 서로 계산하려는 모습을 보여주는 표현입니다.

下次我请客。 다음엔 내가 살게.
Xiàcì wǒ qǐngkè.

不用你请客, 这次我们AA吧。 당신이 안사도 돼, 이번엔 우리 각자 계산하자.
Bú yòng nǐ qǐngkè, zhè cì wǒmen AA ba.

⊙ 那我就不客气了

"那我就不客气了"는 상대가 밥을 사거나 선물, 호의를 베풀 때 '그럼 사양하지 않고 받을게요'라는 뜻으로 긍정적인 반응을 나타냅니다. 하지만 어조나 상황에 따라 부정적인 의미로도 쓰일 수 있습니다. 예를 들면 말싸움이나 갈등 상황에서 상대가 먼저 공격하거나 무례하게 굴 경우, '그럼 나도 가만히 있지 않겠다'는 식으로 대응하는 표현이 되기도 합니다.

① A: 这个送给你。 이거 너 줄게.
  Zhè ge sòng gěi nǐ.

  B: 哇, 那我就不客气了, 谢谢你! 와, 그럼 사양하지 않을게, 고마워!
  Wà, nà wǒ jiù búkèqi le, xièxie nǐ.

② 如果你再这样骗人, 那我就不客气了! 만약 네가 또 거짓말하면, 나도 더는 못 참아!
  Rúguǒ nǐ zài zhèyàng piànrén, nà wǒ jiù búkèqi le!

연/습/문/제

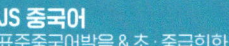

01 알맞게 연결해 보세요.

对不起	gāng	수고하다
让	dào	~하게 하다
久等	ràng	막, 지금
刚	nà	오래 기다리다
到	duìbuqǐ	도착하다
辛苦	búkèqi	미안하다
那	xīnkǔ	사양하지 않다
不客气	jiǔděng	그렇다면

02 빈칸을 채워보세요.

- 영재 : 对不起, ____你____等了。

    Duìbuqǐ, ____ nǐ ____děng le.

- 이준 : _____, 我____刚到。

    _____, wǒ ____ gāng dào.

- 영재 : 我_____工作____忙, _____每天

    都____加班, _____醒的晚了。

    Wǒ _____ gōngzuò ____ máng, _____ měitiān

    dōu ____ jiābān, _____ xǐng de wǎn le.

- 이준 : _____啊, 快_____吧。

    _____a, kuài _____ ba.

- 영재 : 你____吃_____? 今天我_____。

    Nǐ ____ chī _____? Jīntiān wǒ _____.

- 이준 : _____吗? ____我____不客气了。

    _____ma? ____ wǒ ____ búkèqi le.

03 문장을 완성해 보세요.

> ① ràng nǐ duìbuqǐ le děng jiǔ
>
> ② měitiān yào jiābān chàbuduō dōu

① 미안해, 오래 기다리게 해서.

② 거의 매일 야근해.

04 중국어로 써보세요.

- 오늘 뭐 먹고 싶어? 내가 살게.

MEMO

JS 중국어
표준중국어발음 & 초·중급회화

08

빨리 일어나.

快起床吧。
Kuài qǐchuáng ba.

민정엄마 : 都几点了, 快起床吧。
　　　　　Dōu jǐ diǎn le, kuài qǐchuáng ba.

민정 : 妈妈让我再睡十分钟好吗?
　　　Māma ràng wǒ zài shuì shí fēnzhōng hǎo ma?

민정엄마 : 不行, 来不及了。
　　　　　Bù xíng, láibují le.

민정 : 困死了。
　　　Kùn sǐ le.

민정엄마 : 快洗漱, 吃饭吧。
　　　　　Kuài xǐshù, chī fàn ba.

민정 : 不想吃, 我要去上班了。
　　　Bù xiǎng chī, wǒ yào qù shàngbān le.

 **해석**

민정엄마 : 지금이 몇 시인데, 빨리 일어나.

민　　정 : 엄마, 나 10분만 더 자면 안 돼?

민정엄마 : 안돼, 늦었어.

민　　정 : 너무 졸려.

민정엄마 : 빨리 씻고 밥 먹어.

민　　정 : 안 먹을래, 나 일하러 가.

 **어휘**

起床	qǐchuáng	일어나다, 기상하다
让	ràng	~하게 하다
再	zài	다시, 또
睡	shuì	자다
分钟	fēnzhōng	분
困	kùn	졸리다
快	kuài	빨리
洗漱	xǐshù	세수하고 양치하다
饭	fàn	밥
吃	chī	먹다
去	qù	가다
上班	shàngbān	출근하다, 일하다

 **핵심정리**

⊙ 死了

"死了"는 '죽을 정도로'라는 의미로, 상태나 감정의 강도를 강조하는 표현입니다. '~해서 죽을 지경이야'로 해석할 수 있으며, 매우 심한 정도를 나타낼 때 사용됩니다.

渴死了! 너무 목말라 죽을 지경이야!
kě sǐ le!

热死了! 너무 더워 죽을 지경이야!
rè sǐ le!

⊙ 让

"让"은 누군가에게 '~하게 하거나 허락하다'는 뜻으로 쓰이며, 주로 '让 + 사람 + 동사' 형태로 겸손하거나 예의 있게 표현할 때도 사용됩니다.

妈妈让我去超市买东西。 엄마가 나에게 슈퍼에 가서 물건을 사오라고 했어요.
Māma ràng wǒ qù chāoshì mǎi dōngxi.

请让一下, 谢谢! 잠시 비켜 주세요, 감사합니다!
Qǐng ràng yíxià, xièxie.

연/습/문/제

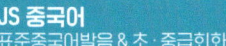

01 알맞게 연결해 보세요.

起床	ràng	졸리다
让	shuì	빨리
再	kùn	분
睡	kuài	밥
分钟	xǐshù	일어나다, 기상하다.
困	zài	자다
快	fēnzhōng	세수하고 양치하다
洗漱	qǐchuáng	~하게 하다
饭	shàngbān	다시, 또
上班	fàn	출근 하다, 일하다

02 빈칸을 채워보세요

- 민정엄마 : ____ 几点 ____, 快起床吧。

  ____ jǐ diǎn ____, kuài qǐchuáng ba.

- 민정 : 妈妈____我____睡十分钟好吗?

  Māma ____ wǒ ____ shuì shí fēnzhōng hǎo ma?

- 민정엄마 : 不行, _____。

  Bù xíng, _____.

- 민정 : _____。

  _____.

- 민정엄마 : 快_____, 吃饭吧。

  Kuài _____, chī fàn ba.

- 민정 : 不____吃, 我____去_____了。

  Bù ____ chī, wǒ ____ qù _____ le.

03 문장을 완성해 보세요.

① Bùxíng le láibují
② qù wǒ yào le shàngbān

① 안돼, 늦었어.

② 나 일하러 가.

04 중국어로 써보세요.

• 빨리 씻고 밥 먹어.

MEMO

JS 중국어
표준중국어발음 & 초·중급회화

09

너는 어떤 색을 좋아해?

你喜欢什么颜色?
Nǐ xǐhuan shénme yánsè?

윤서 : 你喜欢什么颜色?
Nǐ xǐhuan shénme yánsè?

솔미 : 我喜欢蓝色, 我觉得蓝色很漂亮。你呢?
Wǒ xǐhuan lánsè, wǒ juéde lánsè hěn piàoliang. Nǐ ne?

윤서 : 我也喜欢蓝色, 但是我更喜欢白色。
Wǒ yě xǐhuan lánsè, dànshì wǒ gèng xǐhuan báisè.

솔미 : 为什么呢?
Wèishénme ne?

윤서 : 因为我看到白色心情就会好起来。
Yīnwèi wǒ kàn dào báisè xīnqíng jiù huì hǎo qǐlái.

솔미 : 怪不得你平时爱穿白色的衣服啊。
Guàibude nǐ píngshí ài chuān báisè de yīfu a.

윤서 : 너는 어떤 색을 좋아해?

솔미 : 나는 파란색을 좋아해, 파란색은 너무 예쁜 것 같아. 너는?

윤서 : 나도 파란색을 좋아해, 하지만 나는 흰색이 더 좋아.

솔미 : 왜 좋아?

윤서 : 왜냐하면 흰색을 보면 기분이 좋아지기 때문이야.

솔미 : 어쩐지 네가 평소에 흰색 옷을 즐겨 입더라.

喜欢	xǐhuan	좋아하다
为什么	wèishénme	왜, 어째서
怪不得	guàibude	어쩐지
平时	píngshí	평소에
颜色	yánsè	색깔
蓝色	lánsè	파란색
觉得	juéde	~라고 느끼다
漂亮	piàoliang	이쁘다
心情	xīnqíng	마음

 **핵심정리**

◉ 怪不得

"怪不得"는 접속사로 '어쩐지', '그러니까' 등으로 해석되며, 어떤 현상이나 이유에 대해 이해가 갈 때 사용합니다. 주로 누군가의 행동이나 상황을 보고 '아, 그래서 그랬구나'하고 수긍할 때 쓰입니다.

A: 他生病了。 그는 아팠어.
　Tā shēngbìng le.

B: 怪不得他没来。 어쩐지 안 오더라.
　Guàibude tā méi lái.

A: 今天很冷。 오늘 정말 춥다.
　Jīntiān hěn lěng.

B: 怪不得你穿那么多。 그래서 너 옷을 그렇게 많이 입었구나.
　Guàibude nǐ chuān nàme duō.

◉ 일상에서 자주 쓰는 색상

红色	橙色	黄色	绿色	蓝色	黑色	白色	紫色
hóngsè	chéngsè	huángsè	lǜsè	lánsè	hēisè	báisè	zǐsè
빨간색	주황색	노란색	초록색	파란색	검은색	흰색	보라색

연/습/문/제

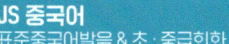

01 알맞게 연결해 보세요.

喜欢	xīnqíng	왜, 어째서
为什么	piàoliang	마음
怪不得	yánsè	~라고 느끼다
平时	juéde	이쁘다
颜色	guàibude	파란색
蓝色	xǐhuan	색깔
觉得	píngshí	어쩐지
漂亮	wèishéme	평소에
心情	lánsè	좋아하다

02 빈칸을 채워보세요.

- 윤서 : 你_____什么_____?

    Nǐ _____shénme _____?

- 솔미 : 我_____蓝色。

    我_____蓝色_____。你呢?

    Wǒ _____lánsè.

    Wǒ _____lánsè _____. Nǐ ne?

- 윤서 : 我____喜欢蓝色, 但是我____喜欢白色。

    Wǒ ____xǐhuan lánsè, dànshì wǒ ____xǐhuan báisè.

- 솔미 : _____呢?

    _____ ne?

- 윤서 : _____我 _____白色心情____会 _____。

    _____wǒ _____báisè xīnqíng ____ huì _____.

- 솔미 : _____你_____爱____白色的衣服啊。

    _____nǐ _____ài ____ báisè de yīfu a.

03 문장을 완성해 보세요.

> ① shénme nǐ yánsè xǐhuan ?
> ② wǒ xǐhuan gèng dànshì báisè

① 너는 어떤 색을 좋아해?

② 하지만 나는 흰색이 더 좋아.

04 중국어로 써보세요.

- 나도 파란색을 좋아해.

⊙ 과일

苹果	píngguǒ	
梨	lí	
草莓	cǎoméi	
西瓜	xīguā	
菠萝	bōluó	
芒果	mángguǒ	
橘子	júzi	

JS 중국어
표준중국어발음 & 초·중급회화

10

내일 몇 시에 수업 마쳐?

你明天几点下课?
Nǐ míngtiān jǐ diǎn xiàkè?

솔미 : 你明天几点下课?
　　　Nǐ míngtiān jǐ diǎn xiàkè?

윤서 : 我明天下午五点下课。
　　　Wǒ míngtiān xiàwǔ wǔ diǎn xiàkè.

솔미 : 下课后你有时间吗?
　　　Xiàkè hòu nǐ yǒu shíjiān ma?

윤서 : 不好意思, 明天没有时间。你有什么事吗?
　　　Bùhǎoyìsi, míngtiān méiyǒu shíjiān. Nǐ yǒu shénme shì ma?

솔미 : 我想请你帮我看一下汉语作业。
　　　Wǒ xiǎng qǐng nǐ bāng wǒ kàn yíxià Hànyǔ zuòyè.

윤서 : 那后天我帮你好吗?
　　　Nà hòutiān wǒ bāng nǐ hǎo ma?

솔미 : 可以呀, 太好了。谢谢你。
　　　Kěyǐ ya, tài hǎo le. Xièxiè nǐ.

 **해석**

솔미 : 너 내일 몇 시에 수업 마쳐?

윤서 : 나 내일 오후 5시에 수업 마쳐.

솔미 : 수업 끝난 후에 시간 있어?

윤서 : 미안, 내일은 시간 없어. 무슨 일 있어?

솔미 : 너한테 중국어 숙제 좀 봐달라고 부탁하려고.

윤서 : 그럼 모레 도와줄까?

솔미 : 괜찮아, 너무 좋아. 고마워!

 **어휘**

下课	xiàkè	수업이 끝나다
下午	xiàwǔ	오후
后	hòu	뒤, 후
不好意思	bùhǎoyìsi	죄송해요
事	shì	일, 용무, 사건
汉语	Hànyǔ	중국어
作业	zuòyè	숙제
请	qǐng	부탁하다, 청하다
帮	bāng	도와주다
后天	hòutiān	모레
可以	kěyǐ	괜찮다, 가능하다
太	tài	너무, 매우
谢谢	xièxie	고마워

 **핵심정리**

⊙ 几

"几"는 의문사로, 일반적으로 '10 이하의 수량'을 물을 때 사용하며, 뒤에는 양사나 명사가 옵니다.(시간은 예외)

你家有几口人? 너희 가족은 몇 명이니?
Nǐ jiā yǒu jǐ kǒu rén?

你几点下课? 너 몇 시에 수업 끝나?
Nǐ jǐ diǎn xiàkè?

⊙ 太

"太"는 '너무', '매우', '지나치게'라는 뜻을 가진 부사입니다.
주로 정도를 강조할 때 사용되며, 긍정적인 경우와 부정적인 경우 모두 쓰일 수 있습니다.

太好了! 너무 좋아!
Tài hǎo le!

这个菜太辣了。 이 음식 너무 매워.
Zhè ge cài tài là le.

연/습/문/제

01 알맞게 연결해 보세요.

下课	xiàkè	고마워
下午	Hànyǔ	너무, 매우
后	bāng	괜찮다, 가능하다
不好意思	zuòyè	모레
事	qǐng	도와주다
汉语	kěyǐ	부탁하다, 청하다
作业	xiàwǔ	수업이 끝나다
请	xièxie	숙제
帮	tài	중국어
后天	bùhǎoyìsi	일, 용무, 사건
可以	hòutiān	미안하다
太	shì	뒤, 후
谢谢	hòu	오후

02 빈칸을 채워보세요.

- 솔미 : 你明天 _____ 下课?

  Nǐ míngtiān _____ xiàkè?

- 윤서 : 我明天 _____ 五点 _____。

  Wǒ míngtiān _____ wǔdiǎn _____.

- 솔미 : 下课____你____时间吗?

  Xiàkè ____ nǐ ____ shíjiān ma?

- 윤서 : _____, 明天_____时间。

  _____, míngtiān _____ shíjiān.

- 솔미 : 我想请你 ____ 我看_____汉语作业。

  Wǒ xiǎng qǐng nǐ ____ wǒ kàn _____ Hànyǔ zuòyè.

- 윤서 : ____ 后天我帮你 ____吗?

  ____ hòutiān wǒ bāng nǐ ____ ma?

- 솔미 : _____ 呀, _____。谢谢你。

  _____ ya, _____. Xièxie nǐ.

03 문장을 완성해 보세요.

① méiyǒu míngtiān shíjiān
② wǒ bāng nǐ hòutiān nà hǎo ma ?

① 내일 시간 안돼.

② 그럼 모레 도와줄까?

04 중국어로 써보세요.

- 수업 끝난 후에 시간 있어?

MEMO

JS 중국어
표준중국어발음 & 초·중급회화

11
너는 어떤 계절을 좋아해?

你喜欢哪个季节?
Nǐ xǐhuan nǎ ge jìjié?

윤서 : 今天天气怎么样?
　　　Jīntiān tiānqì zěnmeyàng?

솔미 : 天气预报说, 今天下雪。
　　　Tiānqìyùbào shuō,
　　　jīntiān xiàxuě.

윤서 : 真的吗?
　　　我喜欢飘雪的天气。
　　　Zhēnde ma?
　　　Wǒ xǐhuan piāoxuě de tiānqì.

솔미 : 你喜欢哪个季节?
　　　Nǐ xǐhuan nǎ ge jìjié?

윤서 : 我喜欢春天, 因为春天很暖和。你呢?
　　　Wǒ xǐhuan chūntiān, yīnwèi chūntiān hěn nuǎnhuo.
　　　Nǐ ne?

솔미 : 我喜欢秋天, 因为秋天不热, 还可以看到枫叶。
　　　Wǒ xǐhuan qiūtiān, yīnwèi qiūtiān bú rè, hái kěyǐ kàndào
　　　fēngyè.

윤서 : 오늘 날씨 어때?
솔미 : 일기예보에서, 오늘 눈이 온다고 했어.
윤서 : 정말? 나는 눈이 흩날리는 날씨를 좋아해.
솔미 : 너는 어느 계절을 좋아해?
윤서 : 나는 봄을 좋아해, 왜냐하면 봄은 따뜻하니까. 너는?
솔미 : 나는 가을을 좋아해, 가을은 덥지 않고, 단풍도 볼 수 있으니까.

天气	tiānqì	날씨
怎么样	zěnmeyàng	어때?
天气预报	tiānqìyùbào	일기예보
说	shuō	말하다, ~라고 하다
下雪	xiàxuě	눈이 내리다
真的	zhēnde	정말, 진짜로
喜欢	xǐhuan	좋아하다
飘雪	piāoxuě	눈이 흩날리다
季节	jìjié	계절
看到	kàndào	보다, 보이다
春天	chūntiān	봄
因为	yīnwèi	왜냐하면
暖和	nuǎnhuo	따뜻하다
很	hěn	매우, 아주
秋天	qiūtiān	가을
枫叶	fēngyè	단풍잎
热	rè	덥다

 **핵심정리**

⊙ 因为

"因为"는 접속사로, 단독으로 쓰이거나 "所以"와 함께 사용되어 원인과 결과를 나타냅니다.

因为他喜欢你。 그가 당신을 좋아하니까요.
Yīnwèi tā xǐhuan nǐ.

因为天气不好，所以我不想去公园。 날씨가 좋지 않아서 나는 공원에 가고 싶지 않아요.
Yīnwèi tiānqì bù hǎo, suǒyǐ wǒ bù xiǎng qù gōngyuán.

⊙ 날자 표현

前天 qiántiān	昨天 zuótiān	今天 jīntiān	明天 míngtiān	后天 hòutiān
그제	어제	오늘	내일	모레

연/습/문/제

01 알맞게 연결해 보세요.

怎么样	fēngyè	단풍잎
天气预报	yīnwèi	어때
下雪	nuǎnhuo	가을
真的	kàndào	일기예보
飘雪	qiūtiān	계절
季节	tiānqìyùbào	보이다, 보다
看到	zhēnde	왜냐하면
因为	zěnmeyàng	눈이 내리다
暖和	xiàxuě	정말, 진짜로
秋天	jìjié	눈이 흩날리다
枫叶	piāoxuě	따뜻하다

02 빈칸을 채워보세요.

- 윤서 : 今天天气_____?

　　　　Jīntiān tiānqì _____?

- 솔미 : 天气预报____, 今天_____。

　　　　Tiānqìyùbào ____, jīntiān _____.

- 윤서 : _____吗? 我喜欢_____的天气。

　　　　_____ma? Wǒ xǐhuan _____de tiānqì.

- 솔미 : 你喜欢_____?

　　　　Nǐ xǐhuan _____?

- 윤서 : 我喜欢_____, _____春天很_____。

　　　　Wǒ xǐhuan_____, _____chūntiān hěn _____.

- 솔미 : 我喜欢_____, _____秋天不热。

　　　　Wǒ xǐhuan _____, _____ qiūtiān bú rè.

03 문장을 완성해 보세요.

> ① zěnmeyàng tiānqì jīntiān ?
>
> ② jìjié xǐhuan nǐ nǎ ge ?

① 오늘 날씨 어때?

② 너는 어느 계절을 좋아해?

04 중국어로 써보세요.

• 나는 가을을 좋아해.

MEMO

JS 중국어
표준중국어발음 & 초·중급회화

12

너희 여동생은 무슨 일을 해?

你妹妹是做什么工作的?
Nǐ mèimei shì zuò shénme gōngzuò de?

솔미 : 这是你家的全家福吗?
Zhè shì nǐ jiā de quánjiāfú ma?

윤서 : 是的。
Shì de.

솔미 : 她是谁? 是你姐姐还是妹妹?
Tā shì shéi? Shì nǐ jiějie háishi mèimei?

윤서 : 她是我妹妹。
Tā shì wǒ mèimei.

솔미 : 你妹妹是做什么工作的?
Nǐ mèimei shì zuò shénme gōngzuò de?

윤서 : 她是小学老师。
Tā shì xiǎoxué lǎoshī.

솔미 : 这是你哥哥吗?
Zhè shì nǐ gēge ma?

윤서 : 不是, 他是我妹妹的爱人。
Bú shì, tā shì wǒ mèimei de àirén.

솔미 : 他是做什么工作的?
Tā shì zuò shénme gōngzuò de?

윤서 : 他在银行工作。
Tā zài yínháng gōngzuò.

솔미 : 你爸爸不是也在银行工作吗?
Nǐ bàba bú shì yě zài yínháng gōngzuò ma?

윤서 : 我爸爸已经退休了, 在家休息呢。
Wǒ bàba yǐjīng tuìxiū le, zài jiā xiūxi ne.

솔미 : 이건 너희 집 가족사진이야?
윤서 : 응
솔미 : 저 사람 누구야? 언니? 아니면 동생이야?
윤서 : 내 여동생이야.
솔미 : 너의 여동생은 무슨 일을 해?

윤서 : 초등학교 선생님이야.

솔미 : 이 사람은 너의 오빠야?

윤서 : 아니, 그는 내 여동생의 남편이야.

솔미 : 그는 무슨 일을 하셔?

윤서 : 은행에서 일해.

솔미 : 너의 아빠도 은행에서 일하시잖아?

윤서 : 우리 아빠는 이미 은퇴하셔서 집에서 쉬고 계셔.

全家福	quánjiāfú	가족사진
谁	shéi(shuí)	누구
姐姐	jiějie	언니
妹妹	mèimei	여동생
做	zuò	하다
工作	gōngzuò	직업, 일하다
小学	xiǎoxué	초등학교
老师	lǎoshī	선생님
哥哥	gēge	형, 오빠
爱人	àirén	배우자
银行	yínháng	은행
也	yě	~도
在	zài	~에, ~에서(위치/존재)
已经	yǐjīng	이미
退休	tuìxiū	퇴직하다, 은퇴하다
休息	xiūxi	쉬다, 휴식하다

 **핵심정리**

⦿ 也

"也"는 '~도', '~또한'이라는 뜻의 부사로, 동사 앞에 위치하며 앞 문장과 같은 동작이나 상태를 표현할 때 사용합니다.

我喜欢汉语, 你也喜欢吗? 나는 중국어를 좋아해. 너도 좋아해?
Wǒ xǐhuan Hànyǔ, nǐ yě xǐhuan ma?

我爸爸在银行工作, 我妈妈也在银行工作。
Wǒ bàba zài yínháng gōngzuò, wǒ māma yě zài yínháng gōngzuò.

우리 아빠는 은행에서 일하시고, 엄마도 은행에서 일하셔.

⦿ 在

"在"는 '~에', '~에서'라는 의미의 전치사로, 명사 앞에 위치하여 장소나 상태를 나타냅니다.

我在图书馆学习。 나는 도서관에서 공부한다.
Wǒ zài túshūguǎn xuéxí.

她在公司工作。 그녀는 회사에서 일한다.
Tā zài gōngsī gōngzuò.

연/습/문/제

01 알맞게 연결해 보세요.

全家福	tuìxiū	쉬다, 휴식하다
谁	yínháng	이미
姐姐	àirén	하다
妹妹	gēge	은행
做	yě	~도
工作	xiūxi	배우자
小学	jiějie	~에, ~에서
老师	gōngzuò	언니
哥哥	yǐjīng	여동생
爱人	quánjiāfú	가족사진
银行	shéi	누구
也	zài	퇴직하다, 은퇴하다
在	zuò	형, 오빠
已经	lǎoshī	직업, 일하다
退休	xiǎoxué	초등학교
休息	mèimei	선생님

02 빈칸을 채워보세요.

- 솔미 : 这 ____ 你家的 _____ 吗?

  Zhè ____ nǐ jiā de _____ ma?

- 윤서 : ____的。

  ____ de.

- 솔미 : 她是____? ____ 你姐姐 _____ 妹妹?

  Tā shì ____? ____ nǐ jiějie _____ mèimei?

- 윤서 : 她是我妹妹。

  Tā shì wǒ mèimei.

- 솔미 : 你妹妹是____什么 _____ 的?

  Nǐ mèimei shì ____ shénme _____ de?

- 윤서 : 她是_____老师。

  Tā shì _____ lǎoshī.

- 솔미 : 你爸爸不是_____银行工作吗?

  Nǐ bàba bú shì _____ yínháng gōngzuò ma?

- 윤서 : 我爸爸_____退休了, ____家休息呢。

  Wǒ bàba _____ tuìxiū le, ____ jiā xiūxi ne.

03 문장을 완성해 보세요.

> ① 还是 你 姐姐 是 妹妹 ?
> ② 我 是 他 妹妹 爱人 的

① 언니? 아니면 동생이야?

② 그는 내 여동생의 남편이야.

04 중국어로 써보세요.

· 그는 무슨 일을 하셔?

⊙ 직업 관련 표현

上班族	shàngbānzú	회사원
公务员	gōngwùyuán	공무원
医生	yīshēng	의사
护士	hùshi	간호사
老师	lǎoshī	선생님
艺人	yìrén	연예인
律师	lǜshī	변호사

MEMO

JS 중국어
표준중국어발음 & 초·중급회화

13

며칠 약 먹으면 괜찮아져요.

吃几天药就行。
Chī jǐ tiān yào jiù xíng.

딸 : 妈妈! 我头疼, 好难受。
　　Māma! Wǒ tóuténg, hǎo nánshòu.

엄마 : 还有哪里不舒服吗?
　　　发烧吗?
　　　Hái yǒu nǎlǐ bù shūfu ma?
　　　Fāshāo ma?

딸 : 头很烫, 还流鼻涕。
　　Tóu hěn tàng, hái liú bítì.

엄마 : 不行, 我们得去看医生。
　　　Bù xíng, wǒmen děi qù kàn yīshēng.

(到了 医院) (dào le yīyuàn)

엄마 : **大夫, 我的女儿病得严重吗?**
Dàifu, wǒ de nǚér bìng de yánzhòng ma?

의사선생님 : **不严重, 她得了感冒, 吃几天药就行。**
Bù yánzhòng, tā dé le gǎnmào, chī jǐ tiān yào jiù xíng.

엄마 : **太好了, 谢谢大夫。**
Tài hǎo le, xièxie dàifu.

딸 : 엄마! 저 머리가 너무 아파요.

엄마 : 또 어디가 불편해? 열은?

딸 : 머리가 뜨겁고 콧물도 나와요,

엄마 : 안되겠다, 병원 가자.

엄마 : 선생님, 제 딸이 많이 아픈가요?

의사선생님 : 심하지 않아요, 감기에요, 며칠 약 먹으면 괜찮아져요.

엄마 : 다행이다. 감사합니다 선생님.

头疼	tóuténg	두통
难受	nánshòu	괴롭다, 견딜 수 없다
发烧	fāshāo	열이 나다
不舒服	bùshūfu	편치 않다, 불편하다
烫	tàng	뜨겁다
流	liú	흐르다
鼻涕	bítì	콧물
医生/大夫	yīshēng/dàifu	의사
严重	yánzhòng	심하다
感冒	gǎnmào	감기
药	yào	약

 **핵심정리**

⊙ 好 + 형용사

"好 + 형용사" 구조는 주로 구어체에서 자주 사용되며, 이때의 "好"는 부사로서 '정말', '아주' 등의 의미로 해석됩니다.

你好漂亮。 너 정말 예쁘다.
Nǐ hǎo piàoliang.

他好帅。 그는 정말 잘생겼다.
Tā hǎo shuài.

⊙ "得"의 용법

"得"가 동사로 쓰일 경우, 2성으로 발음되며, '얻다', '병에 걸리다' 등의 의미를 가집니다.

她得了感冒。 그녀는 감기에 걸렸어요.
Tā dé le gǎnmào.

"得"가 정도보어로 쓰일 경우, 경성으로 발음되며 동사나 형용사 뒤에 위치해 동작의 정도나 상태를 설명하는 역할을 합니다.

我的女儿病得严重吗? 제 딸 병이 심한가요?
Wǒ de nǚér bìng de yánzhòng ma?

"得"가 조동사로 쓰일 경우 '~해야 한다'는 의미를 가지며 děi로 발음합니다. 부정형은 일반적으로 "不用" 또는 "不必"를 사용합니다.

我得早点儿睡。 나는 좀 일찍 자야 해.
Wǒ děi zǎo diǎnr shuì.

我不用早点儿睡。 나는 일찍 잘 필요가 없어.
Wǒ bú yòng zǎodiǎnr shuì.

연/습/문/제

01 알맞게 연결해 보세요.

头疼	yào	심하다
难受	gǎnmào	의사
发烧	tàng	감기
不舒服	yánzhòng	편치 않다, 불편하다
烫	fāshāo	약
流	nánshòu	콧물
鼻涕	yīshēng	흐르다
医生	bítì	괴롭다, 견딜 수 없다
严重	bùshūfu	두통
感冒	liú	열이 나다
药	tóuténg	뜨겁다

02 빈칸을 채워보세요.

딸 : 妈妈, 我____疼, ____难受。

엄마 : 还有_____不舒服吗? _____吗?

딸 : 头很____, 还____鼻涕。

엄마 : 不行, 我们____去看医生。

엄마 : 大夫, 我的女儿病得_____吗?

의사선생님 : 不_____, 她____了感冒, 吃几天药____行。

엄마 : _____, 谢谢大夫。

03 문장을 완성해 보세요.

① 吃 药 几天 就 行
② 感冒 得了 她

① 며칠 약 먹으면 괜찮아져요.

② 그녀는 감기에 걸렸어요.

04 중국어로 써보세요.

• 머리가 뜨겁고 콧물도 나와요.

JS 중국어
표준중국어발음 & 초·중급회화

14

너의 취미는 무엇이니?

你的爱好是什么?
Nǐ de àihào shì shénme?

윤서 : 你平时喜欢做什么?
　　　Nǐ píngshí xǐhuan zuò shénme?

솔미 : 我喜欢看电影。你呢?
　　　Wǒ xǐhuan kàn diànyǐng. Nǐ ne?

윤서 : 我喜欢跟朋友聊天, 或者做家务。
　　　Wǒ xǐhuan gēn péngyou liáotiān, huòzhě zuò jiāwù.

솔미 : 你的爱好是什么?
　　　Nǐ de àihào shì shénme?

윤서 : 我的爱好是画画儿。你呢?
Wǒ de àihào shì huàhuàr. Nǐ ne?

솔미 : 我的爱好是学语言, 最近开始学汉语了。
Wǒ de àihào shì xué yǔyán, zuìjìn kāishǐ xué Hànyǔ le.

윤서 : 哇, 好厉害呀, 那你会说几个国家的语言?
Wà, hǎo lìhai ya, nà nǐ huì shuō jǐ ge guójiā de yǔyán?

솔미 : 我会说英语, 法语, 还会说一点儿汉语。
Wǒ huì shuō Yīngyǔ, Fǎyǔ, hái huì shuō yìdiǎnr Hànyǔ.

윤서 : 哇, 你真棒。好羡慕你。
Wà, nǐ zhēn bàng. Hǎo xiànmù nǐ.

윤서 : 너는 평소에 뭐 하는 걸 좋아해?

솔미 : 나는 영화 보는 걸 좋아해. 너는?

윤서 : 나는 친구들과 수다 떨거나 또는 집안일 하는 것을 좋아해.

솔미 : 너의 취미는 뭐야?

윤서 : 내 취미는 그림 그리기야. 너는?

솔미 : 내 취미는 언어 공부인데, 최근에 중국어를 배우기 시작했어.

윤서 : 와, 대단하다! 그럼 몇 개 언어를 할 줄 알아?

솔미 : 나는 영어랑 프랑스어, 그리고 중국어도 조금 해.

윤서 : 와, 너 정말 멋지다. 정말 부러워!

 어휘

平时	píngshí	평소, 보통 때
电影	diànyǐng	영화
看	kàn	보다
跟	gēn	~와 함께
朋友	péngyou	친구
聊天	liáotiān	수다 떨다, 채팅하다
或者	huòzhě	또는
家务	jiāwù	집안일
爱好	àihào	취미
画画儿	huàhuàr	그림 그리다
语言	yǔyán	언어
最近	zuìjìn	최근
开始	kāishǐ	시작하다
厉害	lìhai	대단하다, 훌륭하다
哇	wà	와!(감탄사)
国家	guójiā	나라, 국가
英语	Yīngyǔ	영어
法语	Fǎyǔ	프랑스어
一点	yìdiǎn	약간, 조금
真	zhēn	정말, 참으로
棒	bàng	멋지다, 뛰어나다
羡慕	xiànmù	부러워하다, 부럽다

 **핵심정리**

⊙ 或者

"或者"는 '~이거나', '~또는'이라는 뜻의 접속사로, 둘 이상의 선택 사항 중 하나를 제시할 때 사용합니다. 주로 평서문에서 선택의 의미를 나타낼 때 쓰입니다.

我们下课以后去吃饭, 或者去图书馆。 우리 수업 끝나고 밥 먹으러 가거나 도서관에 가자.
Wǒmen xiàkè yǐhòu qù chīfàn, huòzhě qù túshūguǎn.

他周末喜欢看书或者打篮球。 그는 주말에 책을 읽거나 농구하는 것을 좋아해.
Tā zhōumò xǐhuan kàn shū huòzhě dǎ lánqiú.

⊙ 一点(儿)

"一点(儿)"은 '약간', '조금'이라는 뜻으로 명사, 형용사, 동사 등과 함께 사용되어 수량이나 정도가 적음을 나타낼 때 쓰입니다.

请给我一点儿时间。 저에게 시간을 조금만 주세요.
Qǐng gěi wǒ yìdiǎnr shíjiān.

我吃了一点儿米饭。 나는 밥을 조금 먹었어.
Wǒ chī le yìdiǎnr mǐfàn.

연/습/문/제

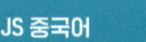

01 알맞게 연결해 보세요.

平时	liáotiān	부러워하다
电影	huòzhě	나라, 국가
聊天	jiāwù	수다 떨다, 채팅하다
或者	àihào	평소, 보통 때
家务	yǔyán	영화
爱好	kāishǐ	대단하다
语言	lìhai	또는
开始	guójiā	집안일
厉害	xiànmù	시작하다
国家	diànyǐng	취미
羡慕	píngshí	언어

02 빈칸을 채워보세요.

- 윤서 : 你_____ 喜欢____什么?

- 솔미 : 我喜欢____电影。你呢?

- 윤서 : 我喜欢____朋友聊天, _____做家务。

- 솔미 : 你的_____是什么?

- 윤서 : 我____说英语, 法语, _____说_____汉语。

- 솔미 : 哇, 你_____, _____。

03 문장을 완성해 보세요.

> ① 你 是 爱好 什么 的 ?
> ② 你 喜欢 平时 什么 做 ?

① 너는 취미가 뭐야?

② 너는 평소에 뭐하는 걸 좋아해?

04 중국어로 써보세요.

- 너 정말 멋지다. 정말 부러워.

JS 중국어
표준중국어발음 & 초·중급회화

15

영화관 입구에서 봐.

在电影院门口见吧。
Zài diànyǐngyuàn ménkǒu jiàn ba.

솔미 : 喂~ 旻定, 你在干什么?
　　　Wéi~ míndìng, nǐ zài gànshénme?

민정 : 我在做作业呢。有什么事吗?
　　　Wǒ zài zuò zuòyè ne. Yǒu shénme shì ma?

솔미 : 我想看电影。我们一起去看怎么样?
　　　Wǒ xiǎng kàn diànyǐng. Wǒmen yìqǐ qù kàn zěnmeyàng?

민정 : 什么时候?
　　　Shénmeshíhou?

솔미 : 下星期六上午九点。你有没有时间?
Xià xīngqīliù shàngwǔ jiǔdiǎn. Nǐ yǒuméiyǒu shíjiān?

민정 : 这么早? 没有下午的吗?
Zhème zǎo? méiyǒu xiàwǔ de ma?

솔미 : 下午也有, 我就想看完电影后吃好吃的, 然后一起逛街。
Xiàwǔ yě yǒu, wǒ jiù xiǎng kàn wán diànyǐng hòu chī hǎochī de, ránhòu yìqǐ guàngjiē.
怎么样? 陪我一起玩儿吧。
Zěnmeyàng? Péi wǒ yìqǐ wánr ba.

민정 : 好。那下星期六在电影院门口见吧。
Hǎo. nà xià xīngqīliù zài diànyǐngyuàn ménkǒu jiàn ba.

솔미 : 好。不见不散。
Hǎo. bújiànbúsàn.

솔미 : 여보세요~ 민정아, 너 지금 뭐 하고 있어?

민정 : 나 숙제하고 있어. 무슨 일 있어?

솔미 : 나 영화 보고 싶은데, 우리 같이 보러 가는 거 어때?

민정 : 언제?

솔미 : 다음 주 토요일 오전 9시. 시간 돼?

민정 : 너무 이른데? 오후 시간은 없어?

솔미 : 오후에도 있긴 해. 난 그냥 영화 보고 맛있는 것도 먹고, 같이 쇼핑도 하고 싶어서. 어때? 나랑 같이 놀자.

민정 : 좋아. 그럼 다음 주 토요일 영화관 입구에서 보자.

솔미 : 좋아. 기다릴게!

干什么	gànshénme	뭐해?
一起	yìqǐ	함께, 같이
什么时候	shénmeshíhou	언제
下午	xiàwǔ	오후
好吃	hǎochī	맛있는
然后	ránhòu	그리고 나서, 그 다음에
逛街	guàngjiē	쇼핑하다, 거리 구경하다
陪	péi	동행하다, 같이 ~하다
门口	ménkǒu	문 앞, 입구
电影院	diànyǐngyuàn	영화관
不见不散	bújiànbúsàn	꼭 만나자(만날때까지 기다릴게)

핵심정리

◉ 요일 표현

上(个)星期 지난주	这(个)星期 이번주	下(个)星期 다음주
shàng(ge) xīngqī	zhè(ge) xīngqī	xià(ge) xīngqī

◉ 시간 표현

- 15분　十五分　shíwǔ fēn　　一刻　yíkè
- 30분　三十分　sānshí fēn　　半　bàn
- 45분　四十五分　sìshíwǔ fēn　三刻　sānkè

◉ 시간대 표현

早上 아침	上午 오전	中午 점심	下午 오후	晚上 저녁
zǎoshang	shàngwǔ	zhōngwǔ	xiàwǔ	wǎnshang

연/습/문/제

01 알맞게 연결해 보세요.

干什么	bújiànbúsàn	함께, 같이
一起	xiàwǔ	문 앞, 입구
什么时候	diànyǐngyuàn	맛있는
下午	péi	꼭 만나자
好吃	ménkǒu	뭐해?
然后	guàngjiē	영화관
逛街	hǎochī	동행하다, 같이 ~하다
陪	yìqǐ	언제
门口	ránhòu	쇼핑하다, 거리 구경하다
电影院	shénmeshíhou	오후
不见不散	gànshénme	그리고 나서

02 빈칸을 채워보세요.

- 솔미 : 喂~ 旼定, 你在_____?

- 민정 : 我____做作业____。

- 솔미 : 我____看电影。我们_____去看_____?

- 민정 : _____?

- 솔미 : 下星期六上午九点。你_____时间?

- 민정 : _____早? _____下午的吗?

- 솔미 : 下午____有, 我____想看完电影____吃好吃的, _____一起_____。

  怎么样? ____我一起玩_____。

- 민정 : 好。____下星期六____电影院门口____吧。

03 문장을 완성해 보세요.

> ① 我 陪 玩 一起 吧
> ② 我们 去 一起 看 怎么样 ?

① 나랑 같이 놀자.

② 우리 같이 가서 보는 거 어때?

04 중국어로 써보세요.

- 너 지금 뭐해?

JS 중국어
표준중국어발음 & 초·중급회화

16
도서관은 어떻게 가요?

图书馆怎么走?
Túshūguǎn zěnme zǒu?

윤서 : 请问。图书馆怎么走? 离这儿远吗?
Qǐngwèn. Túshūguǎn zěnme zǒu? Lí zhèr yuǎn ma?

행인 : 不太远。前边十字路口右转, 然后大概走20米有一家百货商店。这时候过马路左转,
Bútài yuǎn. Qiánbiān shízìlùkǒu yòu zhuǎn, ránhòu dàgài zǒu 20mǐ yǒu yìjiā bǎihuòshāngdiàn.
有一栋很高的楼, 对面就是图书馆了。
Zhè shíhòu guò mǎlù zuǒ zhuǎn, yǒu yídòng hěn gāo de lóu, duìmiàn jiùshì túshūguǎn le.

윤서 : 这么远啊。好的, 太感谢了。
Zhème yuǎn a. Hǎo de, tài gǎnxiè le.

윤서 : 실례지만. 도서관은 어떻게 가나요? 여기서 멀어요?

행인 : 그렇게 멀지 않아요. 앞 사거리에서 오른쪽으로 돌고, 그다음 약 20미터 정도 가면 백화점이 하나 있어요. 그때 길을 건너서 왼쪽으로 돌면, 높은 건물이 하나 보일 거예요, 그 맞은편이 바로 도서관이에요.

윤서 : 꽤 머네요. 알겠어요, 정말 감사합니다.

离	lí	~에서
请问	qǐngwèn	실례합니다, 여쭤볼게요
前边	qiánbian	앞쪽
十字路口	shízìlùkǒu	십자 교차로, 사거리
右	yòu	오른쪽
大概	dàgài	대략, 아마도
走	zǒu	걷다, 가다
米	mǐ	미터(단위)
百货商店	bǎihuòshāngdiàn	백화점
过	guò	건너다, 지나가다
马路	mǎlù	도로, 길
左	zuǒ	왼쪽
转	zhuǎn	돌다, 방향을 바꾸다
楼	lóu	건물, 빌딩
对面	duìmiàn	맞은편
远	yuǎn	멀다
感谢	gǎnxiè	감사하다
太	tài	너무, 매우

 **핵심정리**

⊙ 离

"离"는 '~에서', '~로부터'라는 뜻의 전치사로, 두 지점 사이의 거리를 나타낼 때 사용됩니다.

我家离学校很近。 우리집은 학교에서 매우 가까워.
Wǒ jiā lí xuéxiào hěn jìn.

他家离机场很远。 그의 집은 공항에서 매우 멀어.
Tā jiā lí jīchǎng hěn yuǎn.

⊙ 중국어 기본 양사 표

양사	병음	쓰 임	예 문
个	gè	사람이나 사물	一个人 yí ge rén → 한 사람
本	běn	책, 공책 등	一本书 yì běn shū → 책 한 권
张	zhāng	종이, 표, 사진 등	一张票 yì zhāng piào → 표 한 장
条	tiáo	바지, 강 등	一条裤子 yì tiáo kùzi → 바지 한 벌
件	jiàn	옷, 일, 사건 등	一件衣服 yí jiàn yīfu → 옷 한 벌
位	wèi	사람	一位老师 yí wèi lǎoshī → 선생님 한 분
块	kuài	조각, 덩어리, 화폐 단위	一块蛋糕 yí kuài dàngāo → 케이크 한 조각
双	shuāng	신발, 젓가락 등	一双鞋 yì shuāng xié → 신발 한 켤레
支	zhī	펜이나 총 등	一支笔 yì zhī bǐ → 펜 한 자루
瓶	píng	병에 든 액체	一瓶水 yì píng shuǐ → 물 한 병
杯	bēi	컵, 잔 등	一杯茶 yì bēi chá → 차 한 잔

연/습/문/제

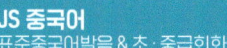

01 알맞게 연결해보세요.

离	zǒu	앞쪽
前边	dàgài	대략, 아마도
右	mǎlù	~에서
大概	zhuǎn	맞은편
感谢	lí	돌다, 방향을 바꾸다
马路	qiánbian	오른쪽
左	yòu	건물, 빌딩
转	duìmiàn	왼쪽
楼	gǎnxiè	도로, 길
对面	lóu	감사하다

02 빈칸을 채워보세요.

- 윤서 : _____。图书馆怎么走？____这儿____吗？

- 행인 : 不太远。_____十字路口____转，_____大概走20米有一家百货商店。这时候___马路___转，有一____很高的____，对面就是_____了。

- 윤서 : _____ 远啊，好的，____ 感谢了。

03 문장을 완성해 보세요.

> ① 怎么 走 图书馆 ?
> ② 这儿 离 远 吗 ?

① 도서관은 어떻게 가나요?

② 여기서 멀어요?

04 중국어로 써보세요.

• 맞은편이 도서관이에요.

MEMO

JS 중국어
표준중국어발음 & 초·중급회화

17
나는 옷을 사러 갈 거야.

> 我要去买衣服。
> Wǒ yào qù mǎi yīfu.

솔미 : 你今天想做什么?
Nǐ jīntiān xiǎng zuò shénme?

윤서 : 我要去买衣服, 陪我一起去吧。
Wǒ yào qù mǎi yīfu, péi wǒ yìqǐ qù ba.

솔미 : 好的。我们去哪里买衣服啊? 明洞还是百货商店?
Hǎo de. Wǒmen qù nǎlǐ mǎi yīfu a? Míngdòng háishi bǎihuòshāngdiàn?

윤서 : 去奥特莱斯吧。
Qù àotèláisī ba.

솔미 : 好吧。坐公交车… 还是?
Hǎo ba. Zuò gōngjiāochē… háishi?

윤서 : 坐公交车太麻烦了, 还是开车去吧。
Zuò gōngjiāochē tài máfan le, háishi kāichē qù ba.

(到了…奥特莱斯)
(Dào le… àotèláisī)

솔미 : 这么大, 我是第一次来这里的。你想买哪个牌子的?
Zhème dà, wǒshì dì yícì lái zhèlǐ de. Nǐ xiǎng mǎi nǎ ge páizi de?

윤서 : 这家的衣服不错。你看, 这件怎么样?
Zhè jiā de yīfu búcuò. Nǐ kàn, zhè jiàn zěnmeyàng?

솔미 : 好漂亮。你试一试吧。
Hǎo piàoliang. Nǐ shìyishì ba.

윤서 : 有点儿小, 有没有大一号儿的?
Yǒudiǎnr xiǎo, yǒuméiyǒu dà yí hàor de?

점원 : 有。请稍等。
Yǒu. Qǐng shāo děng.

윤서 : 怎么样了, 好看吗?
Zěnmeyàng le, hǎokàn ma?

솔미 : 好看, 很适合你。
Hǎokàn, hěn shìhé nǐ.

윤서 : 那来这件吧。多少钱?
Nà lái zhèjiàn ba. Duōshǎo qián?

점원 : 现在打七折, 八十九块钱。
Xiànzài dǎ qī zhé, bāshíjiǔ kuài qián.

윤서 : 好的。刷这张卡。
Hǎo de. Shuā zhè zhāng kǎ.

솔미 : 오늘 뭐 하고 싶어?

윤서 : 옷 사러 가려고, 나랑 같이 가자.

솔미 : 그래. 우리 어디서 옷을 살까? 명동 아니면 백화점?

윤서 : 아울렛으로 가자.

솔미 : 응. 버스 타고 가... 아니면?

윤서 : 버스 타는 건 너무 번거로워, 그냥 차 타고 가자.

(도착 후… 아울렛에서)

솔미 : 엄청 크다, 나 여기 처음 와봐. 너는 어떤 브랜드의 옷을 사고 싶어?

윤서 : 이 가게 옷 괜찮다. 이것 좀 봐, 이 옷 어때?

솔미 : 예쁘다. 한번 입어봐.

윤서 : 조금 작아, 한 사이즈 큰 거 있어요?

점원 : 있어요. 잠시만 기다려 주세요.

윤서 : 어때? 잘 어울려?

솔미 : 예뻐, 너한테 정말 잘 어울려.

윤서 : 그럼 이거 살게요. 얼마예요?

점원 : 지금 30% 할인해서, 89위안입니다.

윤서 : 알겠어요. 이 카드로 결제할게요.

 어휘

明洞	Míngdòng	명동(서울의 번화가)
奥特莱斯	àotèláisī	아울렛
公交车	gōngjiāochē	버스
坐	zuò	타다(교통수단)
麻烦	máfan	번거롭다, 귀찮다
开车	kāichē	운전하다
牌子	páizi	브랜드, 상표
不错	búcuò	괜찮다, 좋다
漂亮	piàoliang	예쁘다
试一试	shìyishì	시험해보다
有点儿	yǒudiǎnr	약간, 조금
请稍等	qǐng shāo děng	잠시만 기다려 주세요
适合	shìhé	잘 어울리다, 적합하다
七折	qīzhé	30% 할인
刷	shuā	긁다, 사용하다
卡	kǎ	카드

 **핵심정리**

◉ 坐

"坐"는 '교통수단을 타다'라는 뜻으로, 좌석에 앉아서 이용하는 교통수단에 사용합니다. 예를 들어, 버스, 기차, 비행기, 지하철 등을 탈 때 사용합니다. 자전거, 오토바이, 말은 "骑"를 사용합니다.

我坐出租车去邮局。 나는 택시를 타고 우체국에 가.
Wǒ zuò chūzūchē qù yóujú.

我骑自行车上班。 나는 자전거를 타고 출근해.
Wǒ qí zìxíngchē shàngbān.

◉ 要

조동사 "要"는 '~하려고 하다', '~해야 한다', '~할 것이다' 등의 뜻을 가진 조동사로, 문맥에 따라 의미가 달라질 수 있습니다.

我要去机场。 나는 공항에 가야 해.
Wǒ yào qù jīchǎng.

我要去买衣服。 나는 옷을 사러 갈 거야.
Wǒ yào qù mǎi yīfu.

연/습/문/제

01 알맞게 연결해 보세요.

公交车	páizi	운전하다
麻烦	búcuò	버스
开车	gōngjiāochē	번거롭다, 귀찮다
牌子	shìyishì	약간, 조금
不错	máfan	30% 할인
试一试	qīzhé	카드
有点儿	kāichē	시험해보다
七折	kǎ	괜찮다, 좋다
卡	yǒudiǎnr	브랜드, 상표

02 빈칸을 채워보세요.

- 솔미 : 你今天_____什么?

- 윤서 : 我____去____衣服,____我_____去吧。

- 솔미 : 我们去_____买衣服啊?

  明洞_____百货商店?

- 윤서 : ____公交车____麻烦了,_____开车去吧。

- 윤서 : 这____的衣服_____。

- 솔미 : 好_____。你_____吧。

- 윤서 : ____看,_____。

03 문장을 완성해 보세요.

> ① 今天 想 你 什么 做 ?
> ② 大 有 一 号儿 没有 的 ?

① 오늘 뭐하고 싶어?

② 한사이즈 큰 거 있어요?

04 중국어로 써보세요.

- 이 옷 어때?

- 예쁘다. 한번 입어봐.

JS 중국어
표준중국어발음 & 초·중급회화

03
부록

 초·중급회화 _ 정답모음

◎ 1과 정답

3번 : Hǎojiǔbújiàn.
　　　Wǒ yě hěn hǎo.

4번 : 你好。
　　　再见。

◎ 2과 정답

3번 : Jiàndào nín hěn gāoxìng.
　　　Nǐ jiào shénme míngzi?

4번 : 您好。
　　　见到您很高兴。

◎ 3과 정답

3번 : Nǐ shì nǎ guó rén?
　　　Wǒ shì Hánguórén.

4번 : 您也是韩国人吧?

◎ 4과 정답

3번 : Nǐ jiā yǒu jǐ kǒu rén?
　　　Nǐ jiějie jiéhūn le ma?

4번 : 你家有几口人?

◎ 5과 정답

3번 : Jīntiān jǐ yuè jǐ hào?
　　　Nǐ yǒu shénme shìr ma?

4번 : 今天星期五。

⊙ 6과 정답

3번 : Zhù nǐ shēngrì kuàilè!
　　　Jīntiān shì wǒ de shēngrì.

4번 : 真的吗?

⊙ 7과 정답

3번 : Duìbuqǐ ràng nǐ jiǔ děng le.
　　　Chàbuduō měitiān dōu yào jiābān.

4번 : 你想吃什么? 今天我请客。

⊙ 8과 정답

3번 : Bù xíng, láibují le.
　　　Wǒ yào qù shàngbān le.

4번 : 快洗漱, 吃饭吧。

⊙ 9과 정답

3번 : Nǐ xǐhuan shénme yánsè?
　　　Dànshì wǒ gèng xǐhuan báisè.

4번 : 我也喜欢蓝色。

⊙ 10과 정답

3번 : Míngtiān méiyǒu shíjiān.
　　　Nà hòutiān wǒ bāng nǐ hǎo ma?

4번 : 下课后你有时间吗?

⊙ 11과 정답

3번 : Jīntiān tiānqì zěnmeyàng?
　　　Nǐ xǐhuan nǎ ge jìjié?

4번 : 我喜欢秋天。

⊙ 12과 정답

3번 : 是你姐姐还是妹妹?
　　　他是我妹妹的爱人。

4번 : 他是做什么工作的?

⊙ 13과 정답

3번 : 吃几天药就行。
　　　她得了感冒。

4번 : 头很烫, 还流鼻涕。

⊙ 14과 정답

3번 : 你的爱好是什么?
　　　你平时喜欢做什么?

4번 : 你真棒, 好羡慕你。

⊙ 15과 정답

3번 : 陪我一起玩吧。
　　　我们一起去看怎么样?

4번 : 你在干什么?

⊙ 16과 정답

3번 : 图书馆怎么走?
　　　离这儿远吗?

4번 : 对面就是图书馆了。

⊙ 17과 정답

3번 : 你今天想做什么?
　　　有没有大一号儿的?

4번 : 这件怎么样?
　　　好漂亮。你试一试吧。

 초·중급회화_단어정리

B

不	bù	아니다(부정)
吧	ba	어기조사
爸爸	bàba	아빠
不好意思	bùhǎoyìsi	미안하다
帮	bāng	도와주다

C

称呼	chēnghu	부르다, 호칭
参加	cānjiā	참가하다
车站	chēzhàn	정류장
刷卡	shuākǎ	카드 긁다
车	chē	차
出发	chūfā	출발하다

D

多大	duōdà	얼마나
电影	diànyǐng	영화
电影院	diànyǐngyuàn	영화관
当然	dāngrán	당연하다

E

枫叶	fēngyè	단풍잎
法语	Fǎyǔ	프랑스어

03 부록

G

高兴	gāoxìng	기쁘다
哥哥	gēge	형, 오빠
工作	gōngzuò	일, 직업
公交车	gōngjiāochē	버스
怪不得	guàibude	어쩐지

H

好	hǎo	좋다
好久	hǎojiǔ	오랫동안
很	hěn	매우
后	hòu	뒤, 후
后天	hòutiān	모레
汉语	Hànyǔ	중국어
号	hào	일(날짜)

J

见	jiàn	만나다
见到	jiàndào	만나 보다
姐姐	jiějie	언니, 누나
今年	jīnnián	올해
结婚	jiéhūn	결혼하다
今天	jīntiān	오늘
叫	jiào	부르다
介绍	jièshào	소개하다
觉得	juéde	…라고 느끼다

K

看	kàn	보다
开始	kāishǐ	시작하다
开车	kāichē	운전하다
卡	kǎ	카드
快乐	kuàilè	즐겁다, 기쁘다

L

老师	lǎoshī	선생님
聊天	liáotiān	수다 떨다
楼	lóu	건물
蓝色	lánsè	파란색
老地方	lǎodìfang	단골 장소, 자주 만나던 곳

M

吗	ma	~요?
名字	míngzi	이름
美国	Měiguó	미국
妈妈	māma	엄마
明天	míngtiān	내일
门口	ménkǒu	문 앞, 입구
麻烦	máfan	귀찮다, 번거롭다

N

你	nǐ	너, 당신
您	nín	당신(존칭)
哪	nǎ	어느

呢	ne	~는?
年轻	niánqīng	젊다

P

飘雪	piāoxuě	눈이 흩날리다
朋友	péngyou	친구
牌子	páizi	브랜드, 상표
陪	péi	동행하다
平时	píngshí	평소에

Q

请	qǐng	청하다, 부탁하다
请问	qǐngwèn	실례합니다
请稍等	qǐng shāo děng	잠시 기다려 주세요
七折	qī zhé	30% 할인
去	qù	가다
漂亮	piàoliang	이쁘다

R

认识	rènshi	알다, 인식하다
然后	ránhòu	그다음, 그리고 나서
人	rén	사람
热	rè	덥다

S

事	shì	일, 사건
时间	shíjiān	시간
试一试	shìyishì	시험해보다

上班	shàngbān	출근하다
说	shuō	말하다
是	shì	~이다
生日	shēngrì	생일

T

太	tài	매우, 너무
天气	tiānqì	날씨
天气预报	tiānqìyùbào	일기예보
同学	tóngxué	같은 학교 학생

X

想	xiǎng	~하고 싶다
下课	xiàkè	수업 끝나다
下午	xiàwǔ	오후
休息	xiūxi	쉬다
喜欢	xǐhuan	좋아하다
谢谢	xièxie	고마워
小学	xiǎoxué	초등학교
现在	xiànzài	지금
羡慕	xiànmù	부러워하다
心情	xīnqíng	마음

Y

颜色	yánsè	색깔
有没有	yǒuméiyǒu	있어? 없어?

Z

再见	zàijiàn	또 봬요
怎么	zěnme	어떻게
怎么样	zěnmeyàng	어때?
中国	Zhōngguó	중국
最近	zuìjìn	최근
走	zǒu	걷다, 가다
转	zhuǎn	돌다
知道	zhīdào	알다
祝	zhù	축원하다, 빌다, 바라다
真	zhēn	진짜, 정말

저자 _ 김지서
한국외국어대학교 서울 캠퍼스에서 중국어를 전공한 후, 수년간 여러 학원과 교육기관에서 예비 외고생, 외고 재학생, 취업 준비생 등 다양한 연령대의 학생들에게 중국어를 가르치며, 내신 관리와 성적 향상을 위한 맞춤형 지도를 꾸준히 이어가고 있다.

JS 중국어
표준 중국어발음 & 초 · 중급회화

초판 인쇄 | 2025년 7월 10일
초판 2쇄 발행 | 2025년 12월 05일

지은이 | 김 지 서
펴낸이 | 김 이 백
펴낸곳 | 도서출판 북엠
주　소 | 서울특별시 영등포구 경인로 82길 3-4 센터플러스 B205호
전　화 | 070-7008-4060
이메일 | contact@hanbitlang.co.kr

ISBN | 979-11-92584-09-6　13720

[참고자료]
해법중국어 中国你好
맛있는 중국어 level 1
ChatGPT
본 도서의 이미지는 OpenAI의 DALL·E를 사용하여 생성되었습니다.

이 책의 저작권은 저자에게 있으며, 저작권법에 따라 무단 복제 및 배포를 금합니다.